孩子自驱型成长训练手册

刘漠——著

苏州新闻出版集团
古吴轩出版社

图书在版编目（CIP）数据

孩子自驱型成长训练手册 / 刘漠著. -- 苏州 ：古吴轩出版社，2024. 11. -- ISBN 978-7-5546-2472-2

Ⅰ. G622.46

中国国家版本馆CIP数据核字第2024X707V1号

责任编辑：任佳佳
策　　划：杨莹莹　杨雯婧
版式设计：林　兰
封面设计：书　颜

书　　名：**孩子自驱型成长训练手册**
著　　者：刘　漠
出版发行：苏州新闻出版集团
　　　　　古吴轩出版社

地址：苏州市八达街118号苏州新闻大厦30F
电话：0512-65233679　　　邮编：215123

出 版 人：王乐飞
印　　刷：天宇万达印刷有限公司
开　　本：670mm×950mm　1/16
印　　张：11
字　　数：107千字
版　　次：2024年11月第1版
印　　次：2024年11月第1次印刷
书　　号：ISBN 978-7-5546-2472-2
定　　价：49.80元

如有印装质量问题, 请与印刷厂联系。0318-5302229

目录

第一章 自主学习很简单

第一章

自主学习很简单

新学期开始，学习目标怎么定？

新学期 新目标

开学之前，我希望同学们能为新学期制定一个学习目标哦！

在新学期，我的学习目标是超过胡明明，成为班里的新一任学霸！

定了学习目标又实现不了，我才懒得定！

课堂上，刘老师一边整理教具，一边笑着对大家说："明天我们就正式放寒假了。"

同学们瞬间兴奋了起来，放寒假是多么令人愉快的事情啊！教室里顿时乱成了一锅粥，同学们兴奋地讨论起来。

刘老师打断了同学们的讨论："安静……安静……"

教室里从聒噪瞬间又变回了鸦雀无声。

"放寒假不等于不学习，我希望大家能高质量地完成寒假作业。"刘老师继续说道，"另外，开学之前，我希望同学们能为新学期制定一个学习目标哦！"

周小舟心想：定了学习目标又实现不了，我才懒得定！

张浩浩想：虽然我现在成绩很差，但是在新学期，我的学习目标是超过胡明明，成为班里的新一任学霸。

导语

每个学期，老师或家长都会要求我们制定学习目标，围绕学习目标，还会有相应的学习计划。合理的学习目标会让我们从被动学习变成主动学习，拥有内在的学习动力。那么，什么样的学习目标才算合理呢？

怎么做 才对呢?

怎么给新学期定目标呢?

当我这样做	成长专家点评
虽然我现在学习成绩很差,但是在新学期,我的学习目标是成为班里的新一任学霸,成绩超过胡明明。	学习目标的制定要根据自己的实际情况,不可盲目自信,制定过高的目标。否则不仅很难实现目标,还可能会让学习失去动力。
学习不需要目标,老师让我做什么,我就做什么。	学习是需要动力做支撑的,没有目标就没有学习动力,没有动力是不可能取得学习进步的。
上一学期我的成绩不理想,各科成绩都是B,这学期我会努力。希望这学期我的成绩能有两门以上达到A。	根据以往的成绩,制订高于以往成绩的计划,这种做法是比较合理的。

自驱力实战训练

怎么制定合理的学习目标呢？不妨试试下面的小妙招吧。

1 正确认识自己的学习现状

在制定新的学习目标之前，要先了解自己的学习现状。明确自己学习上的弱点，然后根据自己的现状制订可行的计划。

2 在日常学习环节上下功夫

要实现目标，就要在具体行动上有所规划。比如最简单的课后作业，如果以往不能按时完成，那么按时完成作业就是实现学习目标的一个环节。

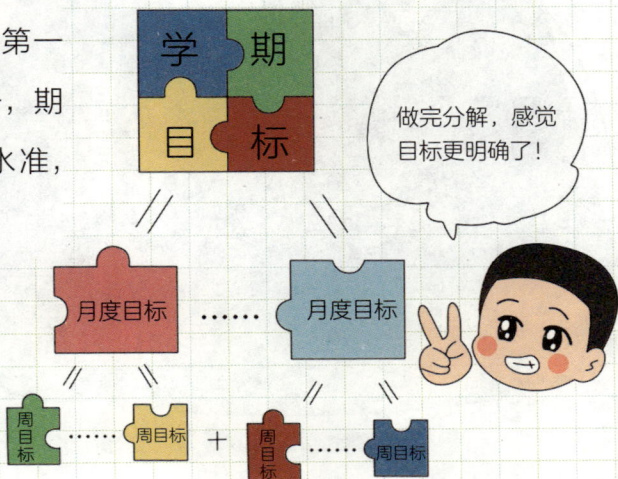

3 学会将大目标分解成小目标

一个学期有几个月的时间，我们要通过实现一个个阶段性的小目标，最终实现大目标。比如，我们第一个月要做到怎样的提升，期中测评要达到怎样的水准，等等。

学期目标

做完分解，感觉目标更明确了！

月度目标 …… 月度目标

周目标 …… 周目标 + 周目标 …… 周目标

4 要敢于制定高于现在学习水平的目标

制定学习目标既不能好高骛远，也不能胆小不前。要对自己实现目标充满自信，不要因为害怕挑战而降低期望值。

耶，我定好学习目标了！

过高目标

合理目标

过低目标

学习现状

上课总爱开小差，
怎么保持专注？

课堂上，陶小可回想起昨晚在家和爸爸一起玩憋笑游戏的场景：每次憋笑都超不过五秒钟，轻而易举就被爸爸逗笑了，而自己想尽办法逗爸爸，他怎么也不笑。

　　"陶小可……陶小可……"

　　同桌杜菲菲小声地叫她，陶小可这才回过神来，原来是刘老师让她回答问题，但由于刚才开小差，她根本没听到老师的提问。

　　"小可，你来回答我刚才提的问题吧！"

　　陶小可站起来，一头雾水："这……这……"

　　"小可，你又走神了，这节课我已经提醒了你两次。"刘老师有些生气，也有些无奈。

　　陶小可低下了头，她也不想上课开小差，但自己就是做不到专注地听讲，这该怎么办呢？

导 语

　　不管是老师还是家长，总是要求我们上课专心听讲。我们也明白专注听讲的重要性，可还是会不由自主地开小差。尽管我们在上课前会提醒自己要紧跟老师的讲课节奏，但是也很难做到一节课不走神。那么，怎样才能保持专注的听讲状态呢？

怎么做 才对呢?

专注力训练

当我这样做	成长专家点评
听老师讲课好枯燥，忍不住就开小差了。	虽然我们还小，注意力不集中是正常现象，但是上课频繁开小差，着实会影响听课效率。
一节课四十分钟，我一次也不能开小差，否则就是"走神大王"。	偶尔一次开小差应该被允许，毕竟要保持四十分钟不走神并不是一件容易的事情。
我要改变上课开小差的习惯，进行专注力训练，慢慢改掉不良的学习习惯。比如，可以做一些专注力训练小游戏。	在日常学习中找到适合自己的训练专注力的方法并多加训练，这样才能在上课听讲时足够专注。

自驱力实战训练

怎么训练自己的专注力，做到听课不走神呢？不妨按照下面的方法练起来吧。

① 保持端正的坐姿能避免上课开小差

如果坐姿不够端正，比如趴着、斜着坐等，很容易导致上课分心。因此，端正的坐姿能在一定程度上帮我们集中注意力。

陶小可同学，今天表现不错哦！

坐得端正，听讲好像更专心了。

② 尽量避开干扰听讲的事物

很多同学会买一些带有卡通图案的文具盒、橡皮、圆珠笔等文具，这些五颜六色的图案很容易吸引我们的注意力。为了集中注意力，我们应该减少购买这些容易让自己走神的文具。

③ 有意识地训练自己的专注力

如果我们已经意识到注意力不够集中的问题，可以在日常生活中有意识地进行专注力训练。比如，写作业时可以给自己限时，或者为自己设立一个针对听课专注度的奖惩制度。

> 我来定个闹钟，督促自己专心写作业。

> 放心吧，小主人，一小时后我会提醒你的！

新课程太难，怎么提前预习？

还是等老师讲吧，我才懒得预习呢。

浩浩，拿出课本，预习一下新课文吧。

这么难，看了也白看。

一周的学习课程终于要结束了，伴随着刘老师的那句"周末预习一下第五单元的新课程"，全班同学开心地从教室里飞奔出来。

到了周日晚上，妈妈提醒张浩浩要预习新课程。张浩浩拿出书本，但发现知识点很难，他看不懂，也学不会。

不到三分钟，他便合上了书，玩起了玩具。妈妈在客厅边收拾衣服边问："浩浩，你预习完了吗？"

张浩浩回答："预习完了。"但心里却想：这么难，看了也白看。还是等老师讲吧，我才懒得预习呢。

导语

预习是学习过程中十分重要的一个环节。我们应该从小养成预习的好习惯。预习是有一定方法的，尤其是在自己遇到不会的新知识或较难的新课程时，更要科学预习，这样才能提高自己的学习效率。那么，当新课程太难时，我们要如何提前预习呢？

怎么做 才对呢？

这些难点是明天听课的重点。

当我这样做	成长专家点评
这篇课文太难了，读一遍应付应付就行了。	预习不是为了应付老师或家长，简单读一遍往往达不到预习的效果。
尽管新知识点很难，我看了三遍还是不懂，但哪怕晚上不睡觉，我也要吃透它。	预习并不意味着要弄懂所有新知识点。花费大量时间和精力去搞懂老师还没讲的知识点，其实是在低效学习。
我会认认真真地看两遍，标出重点和难点。对于自认为是重点的知识，我会多看两遍；自己搞不懂的难点，就是听课的重点。	预习是有方法的，科学预习能够提升听讲效率。第一遍预习可以了解基本内容；第二遍预习要找出难点并标记出来，方便课上重点听讲。

自驱力实战训练

怎么预习较难的新课程呢？不妨试试下面的小妙招吧。

① 适当做学习笔记

预习时要适当做些学习笔记，比如这篇文章的主要内容、好词好句，以及自己对疑难问题的记录和思考等。

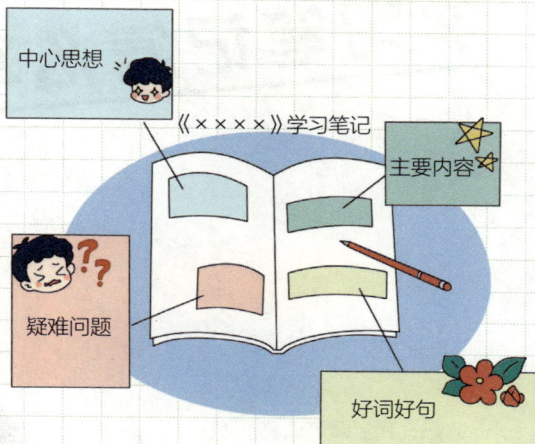

中心思想

《××××》学习笔记

主要内容

疑难问题

好词好句

② 预习要有目标

预习不是盲目的，以语文为例，在预习之前，我们要有计划，比如通过预习掌握这篇课文的生字词，找出中心句，等等。

妈妈，这几个字怎么读啊？

遇到不认识的字，可以查字典哦！

新华字典

③ 预习时要学会借助工具

因为是新课程，必然会有自己不明白的内容，此时，我们要学会利用工具书。比如，遇到不会的字词，可以查字典。

抓不住重点，
学习笔记怎么写 ？

妈妈，我上课可认真了，您看，我记了满满一页笔记呢！

果果，虽然你的笔记记了很多，可是重点在哪里呢？

已经晚上九点了，于果果还在书房里写作业。妈妈很好奇：为什么这么晚她还在写作业？

妈妈走到于果果身旁，看到她一脸愁容，询问后才知道于果果是遇到了难题。

妈妈耐心给于果果讲解难题，接着，妈妈注意到这道题是课内的知识点，而且老师当天在课堂上也讲过类似的题，为什么于果果还是不会做呢？

"妈妈，我上课可认真了，您看，我记了满满一页笔记呢！"于果果解释道。

看着女儿密密麻麻的笔记，其中既有知识点，也有一些不太相关的内容。妈妈意识到，女儿只顾着记笔记，根本没有仔细听讲和思考老师讲授的重点内容。那么，应该怎么让女儿在记笔记时学会抓住重点呢？

导语

记笔记和听讲冲突吗？当然不冲突。可为什么我们会出现记了大量笔记却没听懂老师讲授内容的情况呢？原因就是我们记笔记时没有抓住重点。那么，要如何抓住重点呢？

怎么做 才对呢?

记下重点、难点和考点。

当我这样做	成长专家点评
老师讲的每句话都要记下来,这样就不会遗漏知识点了。	笔记记得过于详细会影响思考的能力,因此,并不是每句话都要记下来。
只有老师提醒"记下来"的时候,我才会记笔记。	每个人的学习能力不同,遇到的难点也不同。如果等着老师提醒,难免会遗漏重点、难点。
对于重点和难点,我会记下来;对于老师强调的考点,我也会记下来;对于预习时遇到的难点,我会重点记录。	一般而言,重点、难点、考点,老师会反复强调,这些是需要记录的。对于自己预习时遇到的难点,也是需要记录下来的。

抓不住重点，学习笔记不知道怎么记？不妨试试下面的小妙招吧。

1. 把握做笔记的时机

做笔记时，应该以不影响听讲为前提。首先，在老师写板书时，抓紧时间迅速记下关键点；其次，在老师讲授重点内容时，要及时记下关键信息。

2. "详略得当"记笔记

做笔记时，并不是每一句都要记，而是要根据自己对知识的掌握程度和重难点分布情况，有针对性地进行记录。

3. 以"课后能看懂"为导向

有的同学为了把笔记记工整，花费大量时间在记笔记上，从而导致没时间听讲。如果时间紧迫，可以用自己看得懂的简略符号来代替复杂的文字。

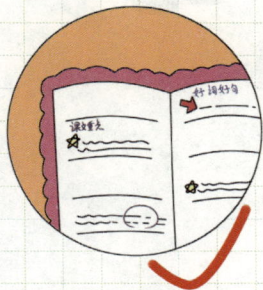

4. 学会"四必记"

以下四方面的内容是必须记下来的：一是老师列出的提纲，二是老师强调的重点，三是课本上没有的、老师补充的内容，四是对于课堂内容的疑问或者不懂的地方。

不喜欢的课程，怎么学不无聊？

英语课真有趣，我喜欢英语。

英语课好无聊，什么时候下课啊……

上课铃响起，原本嬉笑的周小舟瞬间变得沮丧了。杜菲菲问周小舟："刚才还好好的，为什么突然变得愁眉苦脸的？"

"又是无聊的英语课，我真的很不喜欢英语。"周小舟一边从书包里拿出课本，一边无奈地说道。

"英语课不是很有趣吗？"胡明明小声地说道。

周小舟心想：你成绩那么好，肯定觉得英语简单又有趣呀！

此时，英语老师走到讲台上开始讲课。但是一节课下来，周小舟始终无法集中精力听讲。他时而发呆，时而走神，自然也没听懂老师讲的内容。

导语

遇到不喜欢的课程其实很正常，有时候，我们可能不太擅长某些科目，比如，数学考试成绩总是不理想。但这并不是说我们就没法喜欢这些课了，要想让自己从不感兴趣到感兴趣，就需要从心态、行动上下功夫。那么，具体要如何做呢？

怎么做 才对呢?

我认真听,说不定能喜欢上这门课。

当我这样做	成长专家点评
对于不喜欢的课程,我只能硬着头皮学,学不会也没办法。	先从简单的学起,同时,对于学不会的内容,可以主动找老师或同学帮忙。
不喜欢的课程我就不学,老师和家长催得急了,就学一会儿。	不能"躺平",任由自己"不感兴趣"的思想作祟。
我先从简单的基础知识学起,学懂了就有成就感,说不定会喜欢上这门课呢!	喜欢与不喜欢是心理感受。要将不喜欢变为喜欢,有效的方法之一便是感受其带来的成就感。

自驱力实战训练

不喜欢的课程，怎么学不无聊？不妨试试下面的小妙招吧。

1. 自证预言法

自证预言是一种常见的心理学现象，它是指如果你相信某件事要发生，你就会主动找证据证明它会发生，从而更加自信，最后事情可能真的就发生了。所以，如果你有一门不喜欢的课，试着告诉自己这门课很有趣，也许你会在学习这门课程的过程中找到乐趣。

2. 想象自己成功后的情景

对于希望达到的目标，我们可以在脑海中进行清晰、细腻的想象，比如：在考试前，想象自己做题很顺利，还考了个好成绩，老师和同学都夸你，你是不是很开心？在想象之后，这种积极的场景会在脑海中留下深刻的印象。一旦以后我们再次产生抵触学习的想法，这种积极的记忆就会被激活，从而指引我们的思维和行动向自己所期望的方向发展，并且让我们更有动力去学习。

哈哈，如果我能在英语演讲比赛中获奖就好了！

为了达到这个目标，我明天要早起背单词。

不想写作业，
怎么改变拖拉的习惯？

浩浩，该写作业了！

我再玩一会儿，就玩一会儿。

已经是晚上七点了，张浩浩还在摆弄自己的遥控汽车。妈妈提醒他还没写作业，张浩浩知道自己还有作业要完成，可一想到枯燥的数学题，他就心里发怵。

"我再玩一会儿，就玩一会儿。"张浩浩对妈妈说。

妈妈有些无奈，她知道自己的儿子是写作业"困难户"，但是她也没办法，她能做的只是催促。

在妈妈的再三催促下，当晚上八点的闹钟响起时，张浩浩终于坐到了学习桌前，不急不慢地拿出书本准备写作业。

然而，五分钟过去了，张浩浩却没有动笔，反而开始摆弄起文具盒来。

看到这一幕，妈妈无奈地叹息道："看来今天的作业又要拖到十点了。"

导语

　　小朋友，你有写作业拖延的习惯吗？作业写到一半，我们就开始发呆、玩笔……原本预计一个小时就能完成的作业，经常被我们拖了两三个小时才完成。其实，很多时候，我们也并不想拖拉、磨蹭，只是一想到作业就觉得枯燥、犯难，于是不自觉地就拖延了。那么，我们如何改掉写作业拖拉、磨蹭的坏习惯呢？

怎么做 才对呢?

> 作业很有趣,我要在一个小时内写完!

当我这样做	成长专家点评
我可以边玩边写,反正早晚会写完。	这种状态会影响写作业的速度和质量,导致我们既没玩好,也没写好作业。
不管三七二十一,先写完再说,潦草、写错也无所谓。	写作业的目的不是应付老师,而是为了学习和进步。对作业应付了事的结果是糊弄了老师,也糊弄了自己。
我会提前做计划,每项作业都要在规定时间内完成。当不想写作业时,我会给自己积极的心理暗示,告诉自己:写作业很有趣,就像玩闯关游戏。	写作业要有计划,可以先易后难地安排作业,也可以分配好写每科作业的时间。同时,要克服心理上的抗拒情绪,只有用积极的心态面对写作业这件事,才会主动去完成。

怎么改掉拖拉的坏习惯？不妨试试下面的小妙招吧。

1. 使用定时器

如果我们写作业因为动作慢而耗时太长，不妨使用定时器这种有效的小工具。比如，刚开始使用时，可以先测量我们写一行生字、算五道数学题需要花费的时间。以此为依据，把作业分成几小段，用定时器为每个小段设定时间目标，然后看能否在规定时间内把分段作业完成。

2. 不要摆放多余的物品

写作业磨蹭的一大原因是被无关的事物干扰，无法专注。因此，一方面，保持环境的安静特别重要；另一方面，写作业时，建议书桌上只放书本、文具等学习用品，不要放玩具等无关物品。

> 这样桌面清爽多了，现在我可以专心写作业了。

3. 自我奖励

在写作业前，可以设定好写完作业的奖励，以此激发自己写作业的动力。比如，写完作业后奖励自己看一集动画片。

快点写完作业，我就可以看动画片啦！

课文又长又难，
怎样背得快又熟？

课文

唉，背课文太难了！

课间，杜菲菲邀请陶小可和于果果一起玩游戏，可是陶小可却一脸愁容，说道："老师昨天让背诵的课文，我还没背熟，下节课万一让我背诵，我就惨了。"

一旁的于果果说道："那篇课文我也背得不熟，昨天我可是花了好长时间背诵。"

"昨天我记住了，但今天早上醒来又忘了一大半，我想我们班有很多同学背不下来。"杜菲菲说道。

"真不知道怎样才能记住这些又长又难记的课文。"陶小可无奈地说道。

是啊，到底要如何背诵这些又长又难的课文呢？三个小伙伴都陷入了沉思，原本愉快的心情也一下子消失了。

导语

在学习的过程中，我们会遇到一些又长又难的课文，尤其是随着年级升高和学习难度的增大，这类课文会越来越多，比如文言文。那么，到底要如何背诵这些课文，才能让我们快速记忆且不容易遗忘呢？

怎么做 才对呢?

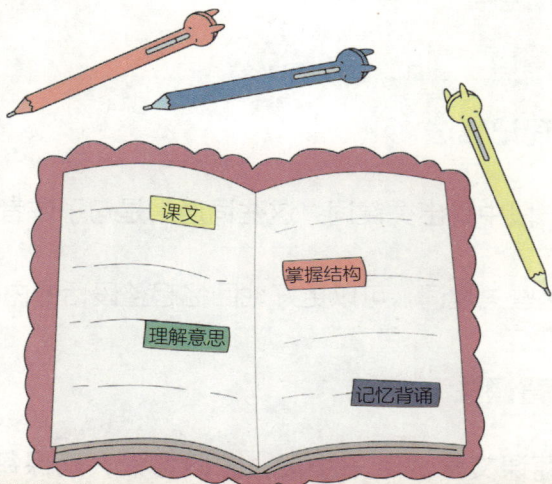

课文
掌握结构
理解意思
记忆背诵

当我这样做	成长专家点评
背不下来课文,我就一直读。	背诵的前提是熟读,可是"读"是输入的过程,"背"是输出的过程,只输入,不输出,怎么能背熟呢?
今天背过了,我就不用再重复背诵了。	人的大脑是会遗忘的。因此,今天背诵的内容,要每隔一段时间就复习,这样才能避免遗忘。
对于难的课文,我会先理解整体的意思,再掌握写作的结构,最后根据结构,一步步地理解记忆。	背诵记忆时,理解意思十分关键。可以在理解的基础上适当发挥想象力,灵活地背诵。

自驱力实战训练

对于又长又难的课文，我们要如何记忆呢？不妨试试下面的记忆方法吧。

① 关键词记忆法

在每一段中找出关键词，这些词通常是句子或者段落的核心信息。记住这些关键词，可以更好地回忆起整段话的内容。

② 分段背诵法

将整篇课文分成若干小段，分段背诵，确保每段都能熟记。一段背完再背诵下一段，这样就不会有背诵压力了。

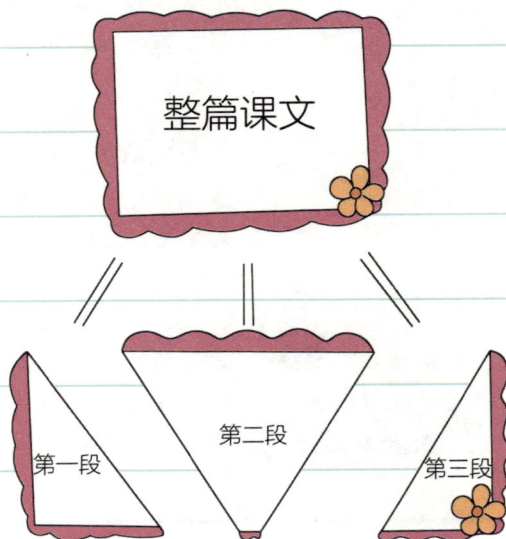

整篇课文

第一段

第二段

第三段

③ 联想背诵法

可以利用联想的方法，将课文内容与自己熟悉的事物联系起来，从而增加记忆的联结点。这种方法不容易遗忘。

这篇课文中描写的乡村和我的家乡很像，我一下子就记住了！

不会做的题，
怎样靠自己解决

?

周小舟，你应该自己想一想。

我不会做，所以才做错了。直接抄你的正确答案，不是更简单吗？

周小舟坐在书桌前发呆，妈妈走过来时，他立刻笑着对妈妈说："妈妈，这道题我不会做，您给我讲讲吧！"

妈妈看着这道并不难的题，虽然有些无奈，但还是给周小舟讲了起来。

第二天来到学校，老师把课堂练习题发了下来。周小舟看到自己五道题错了四道，再看了一眼胡明明的练习题，发现对方做得全对，便直接拿来抄起了答案。

胡明明说道："周小舟，你应该自己想一想。"

"我不会做，所以才做错了。直接抄你的正确答案，不是更简单吗？"周小舟头也不抬，继续抄着。

导语

在学习的过程中，遇到难题是很常见的事情。那么，在遇到自己不会做的题时，我们是应该直接求助于别人，还是先自己解决呢？

怎么做 才对呢？

当我这样做	成长专家点评
看了一遍，我没有思路，既然不会做就算了，等着老师讲吧。	遇到难题，往往需要多读几遍题。只有读懂题，才能做对题。
这道题即便花费一晚上的时间，我也要做出来。	遇到真正不会做的题，无须花费太多时间和精力，否则只会让自己陷入低效学习的怪圈。
先多读两遍题，运用所学知识进行分析。如果还是做不出来，那就看书本上的例题或寻找相似题。经过反复思考后，如果还是无法解决，我再向父母或老师请教。	在读懂题的基础上，分析题，再找相似题，最后再寻找解题思路，这是一种很不错的方法。如果经过思考还是无法解决，可以寻求帮助。

> 我不抄你的作业了，我相信自己能解答出来！

> 小舟真棒！

不会做的题，怎样靠自己解决呢？不妨这样做吧。

1. 自我鼓励，增强信心

很多时候，我们觉得某道题难，并不是因为题本身的难度，而是我们的畏难情绪在作祟，归根结底是因为我们缺乏克服难题的自信心。因此，遇到不会做的题时，第一件事就是自我鼓励，告诉自己一定能解决它。

2. 平时多积累难题

对于自己不会做的难题、错题、重点题，可以整理到积累本上，平时反复翻阅。久而久之，我们会对这些题印象深刻，再遇到类似的题，我们就不用害怕了。

3. 分析题目，挖掘考查点

　　每道题的背后都是知识点在做支撑。因此，当我们遇到不会做的题时，首先要分析题目，看这道题究竟想要考查哪个知识点。

这道题考的是哪个知识点呢？我得好好分析一下，找出解题的关键。

要考试了，怎么安排复习计划？

还有两周时间呢，不用着急吧！

复习计划

课堂上，刘老师宣布了一条重要的通知："同学们，还有两周我们就要期末考试了，大家一定要好好复习。"

听到老师的话，胡明明立刻拿出计划本，认真地做起了复习计划。同桌张浩浩看到胡明明在本子上写的"复习计划"四个大字，说道："还有两周时间呢，不用着急吧！这么早复习，到时候又忘了。"

然而，时间过得飞快，转眼间距离期末考试只有三天时间了。

"周五就要考试了，你复习得怎么样了？"课间，胡明明问张浩浩。

"这周五吗？只剩下三天时间了？"张浩浩惊讶地问道。显然，张浩浩还没有开始复习，他反问道："你复习得怎么样了？"

胡明明拿出计划本，说："按照计划，我两天前就完成复习了。"

张浩浩一时之间慌了神。

晚上，在灯下，张浩浩焦急地胡乱翻着书，却一点儿头绪都没有。他懊恼地心想："唉，要是我听胡明明的话，早点开始复习就好了！"

导语

俗话说："工欲善其事，必先利其器。"意思是说无论做什么事，都要事先做好准备。考试也是一样的。要想取得好成绩，除了平时努力学习，打好基础、提高能力外，复习方法也很关键。复习方法多种多样，我们应该结合自己的实际情况，选择科学、高效的复习方法。那么，具体应该怎么做呢？

怎么做 才对呢？

浩浩，马上就要期末考试了，不要忘记提前开始复习呀。

放心吧，复习计划我都做好了。

复习计划

当我这样做	成长专家点评
快要考试了，每门功课的教科书我都要一字不落地看一遍。	复习时间有限，这种没有重点的复习计划往往很难完成。
简单看一遍课堂笔记就可以了，反正复习时间有限。	课堂笔记虽然记录的是重点内容，但是单纯看笔记，达不到良好的复习效果。
我会规划好每门功课的复习时间和复习量，不仅仅要复习课本，更要看以往积累的错题和难题。	规划好复习时间并将任务量合理分配到每一天，这样的复习计划实施起来才更容易。

自驱力实战训练

考试前夕，我们要怎么安排复习计划才靠谱呢？试试这些小妙招吧。

1. 明确复习目标和内容

在制订复习计划之前，我们需要明确考试的范围和重点，确定复习目标和内容。

2. 制定具体的复习时间表

明确复习目标和内容后，我们需要制定一个具体的时间表，将复习内容分配到每一周、每一天，甚至每一小时。在安排时间时，要注意合理分配各科的复习时间，避免某些科目被忽视或过度复习。

3. 注重复习方法和策略

针对不同的学科和知识点，我们需要采用不同的复习方法，如归纳总结、练习做题、阅读笔记等。此外，我们还可以利用一些辅助工具，如错题本、复习卡片，来帮助我们更好地复习和巩固知识。

考完后，
怎么自我检查学习情况？

考完的试卷，就不用再看了吧！

刘老师拿着一沓试卷走进教室，原来是期末考试的成绩出来了。

杜菲菲看完分数，就把试卷随意往书桌里一塞，不再翻看了。

这时，刘老师说道："考试的目的是让同学们知道自己哪些知识掌握得不好，不是为了比较分数的高低。以语文成绩为例，大家可以根据自己的考试成绩，进行学习情况自检。"

"学习情况自检怎么做？"于果果好奇地问杜菲菲，杜菲菲也不知道。考完的试卷，还有再认真翻看、检查的必要吗？

导语

从考试成绩倒推知识掌握情况，是一种很好的自检方法。但是很多时候，我们不知道到底如何进行自我检查。那么，具体来说，怎么进行自我检查呢？

怎么做 才对呢?

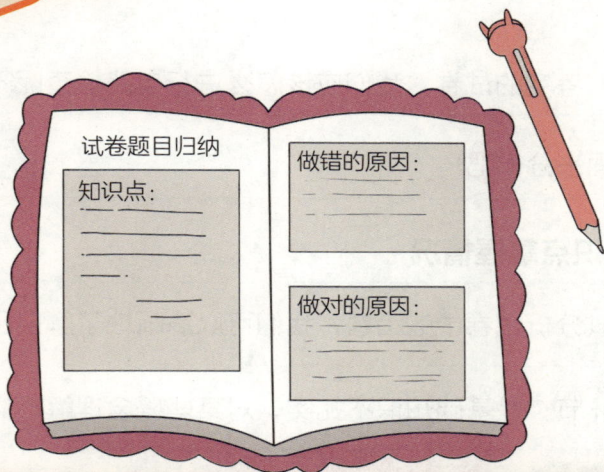

试卷题目归纳

知识点:

做错的原因:

做对的原因:

当我这样做	成长专家点评
试卷上的错题我改正就行了,这就证明我已经掌握了考查范围内的所有知识点。	改错只是第一步,更重要的是分析考查的知识点是否已经完全掌握。
考试获得满分证明我已经将所有知识学会了,无须再进行自我检查了。	考试获得满分并不代表所有知识点都已经熟悉掌握。回顾题目时,可能会发现有些做对的题也有未完全理解的地方。
对于做错的题,我会分析其考查的知识点,重点进行复习和巩固。对于做对的题,我会分析是真正掌握了知识,还是蒙对的。	对试卷上的题进行分类检查,这样能够全面分析出自己出错的原因和做对的原因,从而帮助我们真正掌握知识。

自驱力实战训练

面对考完的试卷，我们应该怎么进行自我检查呢？试试从以下三个方面来分析吧！

① 知识点掌握情况

通过分析试卷中的错题，我们可以清晰地了解自己学习过程中的薄弱环节：是基础知识不扎实，对某些概念理解不清，还是对某个公式的应用不够熟练？这都需要我们认真反思，并有针对性地进行查漏补缺。

② 解题思路和方法

试卷中的题目往往有多种解题方法，而我们在答题时可能只采用了其中一种。因此，在反思时，我们应该尝试从不同的角度去思考问题，探索更多的解题思路和方法。这样不仅可以开拓我们的思维，还可以提高我们的解题能力和应变能力。

③ 学习态度和习惯

　　试卷中的错误往往与学习态度和学习习惯密切相关。比如：是否因为卷面不整洁、字迹潦草而失分？是否因为时间管理不当而未能完成所有题目？这些都需要我们从学习态度和学习习惯上进行反思和调整。

考试成绩不理想，怎么调整心态?

明明，出来吃饭啦!

我不饿，不想吃饭……

胡明明虽然是班里的学霸，但也有马失前蹄的时候，这次期末测试，他就没有考好。

当看到成绩的瞬间，胡明明的眼泪掉了下来，要知道他从来没有得过这么差的成绩。课间，别的同学都在嬉笑交谈，唯独他在座位上一动不动，两眼无神。

放学回到家，他就将自己关在房间里，妈妈喊他出来吃饭，他也不想吃，早早就躺到床上了。

连续一周，胡明明每天晚上失眠，白天学习提不起精神，也没有心思出去玩。父母看到他的这种糟糕状态，便想尽办法开导他，但是都于事无补。

导语

有些考试成绩不理想的同学，他们的精神压力并不比考试之前少。此时，他们可能会怀疑自己曾经的努力，甚至会与同学进行比较，变得更加焦虑。但在很多情况下，这种焦虑多半是因为我们过于看重分数。

因此，我们要学会调整心态，静下心来分析没考好的原因，并做出学习上的调整。那么，具体应该怎么做呢？

明明，一次没考好没关系的，世界上哪有"常胜将军"呢……

妈妈，我这次考试没考好，心里好难过啊！

当我这样做	成长专家点评
反正努力了考试也没考好，我就破罐子破摔吧。	这种放任的态度看似是调整了心态，实则是一种自我放弃。这种思想是要不得的。
只有玩手机游戏才能让我感到放松，所以我一感到有压力，就会玩手机游戏。	利用手机游戏来缓解考试压力的做法往往是因为逃避心理。我们可以适当地放松，但不能沉迷其中。
考试只是对一个阶段学习成果的检测，一次没考好没有关系，只说明这个阶段知识学得不够扎实。下个阶段努力学习就可以了。	正确认识考试的意义，能够帮我们赶走消极的情绪。给自己足够的鼓励，相信自己，就能够正视这次考试，做出积极的调整，并激发学习的动力。

当我们考试成绩不够理想时，要怎么调整心态呢？这些小妙招很有效。

1. 学会排解不良情绪

如果把考试失利的痛苦压抑在心底，只会让自己更郁闷。不妨尝试向父母或好朋友倾诉，以此来缓解内心的痛苦情绪。当然，用哭泣等方法排解不良情绪，让自己恢复心理的平衡，也是值得尝试的好方法。

2. 让生活变得充实

经历失败的打击后，我们可能会不愿接触外面的世界。这个时候，我们不妨主动寻找生活的乐趣，比如画画、唱歌，让父母周末时带自己出去游玩，等等，从而转移注意力。

我先不去想考试的事了，画画放松一下！

3. 运动调节法

我们都知道运动能够增强体质，其实，运动也能够调整心态。尤其是当我们感到压抑的时候，可以做一些有氧运动，比如慢跑、游泳等，让自己的负面情绪在运动中得到释放。

明明，跑完两圈感觉怎么样？

感觉好极了！爸爸，我还想再跑两圈！

简单的题总出错，怎么改掉粗心大意的毛病？

小马虎，10 元减掉 7.5 元，不应该是 2.5 元吗？你怎么算出 3.5 元呢？

小朋友，你算得不对，那样我们超市就赔钱啦！

这么简单的题都算错了，好丢脸呀……

妈妈做饭时发现家里没有生抽了，便让爸爸去小超市买一瓶。陶小可自告奋勇地要陪爸爸一起去。

他们到了楼下的小超市，买了一瓶生抽，收银员阿姨说需要付7.5元，爸爸给了收银员10元，突然扭头问陶小可："阿姨需要找给我们多少钱？"

陶小可心想，这太简单了，于是不假思索地回答道："3.5元呀！"

收银员阿姨听后，笑着说道："小朋友，你算得不对，那样我们超市就赔钱啦！"

陶小可心想：难道不对吗？

爸爸说道："小马虎，10元减掉7.5元，不应该是2.5元吗？你怎么算出3.5元呢？"

陶小可一脸尴尬地和爸爸走出了小超市。

为什么我们会在简单的题上犯错，甚至不止一次出错呢？父母和老师总叮嘱我们不能马虎，要细心；我们也不想因为粗心大意而犯错，可就是控制不住自己。那么，到底要如何做才能避免因为粗心大意而做错题呢？

怎么做 才对呢?

这道题虽然不难,我也要仔细审题,认真解答。

当我这样做	成长专家点评
这道题我会做,只是没看清题目,下次肯定不会犯错。	很多时候做错题并不是因为题有难度,而是因为我们审题不认真,比如将加号看成减号,将17看成11。
这张试卷太简单了,根本难不倒我,我二十分钟就做完了。	心理上的轻视也是做错简单题的一大原因。
简单的题我也要仔细审题,做完之后我会认真检查一遍。	认真审题是做对简单题的基础,同样,做完后进行自我检查的过程也是避免粗心大意的关键一步。

简单的题总出错，要怎么改掉粗心大意的习惯呢？我们可以这样做。

1. 无论难易，审题时细致入微

我们做题时常常因为觉得某道题不难或者不重要而忽视了审题，而这种习惯也会导致我们粗心大意，从而发生错误。因此，做任何题都要细致入微地审题，千万不要急于求成。

小可，你的作业不是写完了吗？怎么还不交啊？

我要检查一遍，看看有没有写错的！

2. 做完题，不忘检查

我们应该在做完题后，好好检查一遍，确保答案的准确性和完整性。这样的习惯不仅能够减少错误，还能提升我们的学习效率和质量。

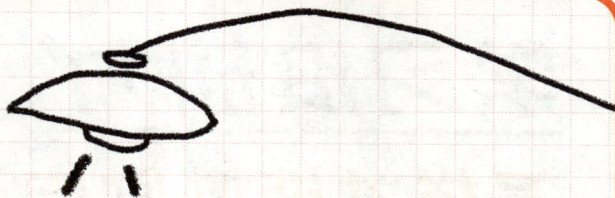

3. 适当放松，集中注意力

　　长时间的学习会影响到我们的注意力和精力，当注意力和精力不足时，我们难免会犯错。因此，在学习一段时间后，可以适当放松一下，如深呼吸、散步、听音乐等，通过这些方式帮助自己恢复精力，集中注意力，减少因疲劳而犯的错误。

学习没动力，怎样才能激励自己？

每次一有家庭聚会，周小舟就头疼。因为这个时候亲戚们就会讨论孩子的学习问题。而周小舟的成绩真的"不值一提"。

舅妈总会关切地对周小舟说："小舟上三年级了，学习上要再加把劲儿啊！"妈妈也附和道："对啊，你表姐学习上从来都不用舅妈操心，自己可努力了。"

这些话小舟听得耳朵都生茧子了，他无奈地心想：我也知道要好好学习，但我就是对学习没兴趣啊，一点儿动力都没有！这能怪我吗？

导语

从进入学校的那一刻起，父母就反复告诉我们要好好学习。然而，我们尽管深知学习的重要性，可就是对学习提不起兴趣，对学习感到毫无动力。那么，怎么才能培养自己的学习动力呢？

怎么做 才对呢？

妈妈，我刚刚复习了第一单元的课文！

小舟学习真努力，奖励你吃点心和水果。

当我这样做	成长专家点评
只要我认真学习了，我就要求妈妈给我奖励。	给予物质奖励是激发外在动力的常用方法，但这种方法起到的作用是短暂的。
如果我学习好，在同学面前多有面子啊！	这个理由能够激发我们学习的动力，但动力消失得很快。比如，某次考试没考好，我们可能会感觉在同学面前丢面子了，从而放弃继续努力。
虽然学习的过程很枯燥，但是每学会一个知识点，我就觉得很有成就感。	真正能激发我们学习动力的方法是从学习中感受到成就感，这会让我们对学习"上瘾"，从而产生长效的学习动力。

自驱力实战训练

学习提不起精神时，要如何激发自己的学习动力呢？下面这些方法很实用。

1. 设定小目标

将大目标分解成一系列小目标。大目标应该是具体的，比如数学期末考试成绩在九十分以上；小目标是短期的、可实现的，比如每天背五个单词等。每达成一个小目标，就给予自己一定的奖励，这样可以逐步积累成就感，增强学习动力。

2. 找一个或多个学伴

我们可以与志同道合的同学组成学习小组，然后以比赛的方式，相互监督和提醒，从而激发自己的学习动力。

我们写完作业后，互相帮对方检查吧？看看谁写得又快又好！

好啊！

学习小组

3. 树立榜样

在我们身边寻找一个学习的榜样，发自内心地向对方学习，当我们想要放弃的时候，看看榜样的行为，从而激发自己持续学习的动力。

祝贺胡明明同学获得数学比赛第一名！

胡明明太厉害了，我也要向他学习！

面对不擅长的学科，如何克服畏难情绪？

呜呜呜，如果以后不用学数学就好了！

杜菲菲的数学成绩一直不太理想，这次期末考试更是让她倍感压力。

　　成绩出来后，杜菲菲看到自己的数学分数，心情瞬间低落。她心想：自己明明很努力了，但为什么成绩总是上不去呢？

　　回家后，妈妈看到她很失落，便安慰她说："菲菲，别灰心，数学需要耐心和坚持，我们一起努力，慢慢提高吧。"

　　但杜菲菲听了妈妈的话后却更难过了，忍不住大哭起来："妈妈，数学太难了，我根本就学不好！呜呜呜，如果以后不用学数学就好了！"

导语

　　学习难不难？有人说不难，有人说难。说难的人可能在学习中遇到了自己无法解决的困难；说不难的人，可能已经在学习上取得了不错的成绩。如果我们觉得某个学科难，或许是因为自己不擅长这门学科，从而缺乏学习兴趣。那么，自己要如何克服这种畏难情绪呢？

不用给自己压力,这次考试争取比上次提高五分就好了!

当我这样做	成长专家点评
我本来就不擅长数学,做了也是错,直接问父母怎么做就好了,他们会帮我的。	遇到不擅长的学科,如果直接求助于父母,看似是在学习,其实不利于独立思考和掌握知识。
一看到不擅长的写作题,我就犯怵。算了,随便写几句得了。	用应付的心态对待较难学科,归根到底也是一种逃避。
虽然我的数学成绩不好,但是只要我多努力、多做题,总会有进步的。我的小目标是这次考试比上次提高五分,我会达到的。	对自己有一个正确的认知,不自卑的同时,制定一个努力后容易达到的小目标,这样能够让我们更快地进步。

对于不擅长的学科，我们要如何克服畏难情绪？下面这些方法都是十分实用的。

1. 先让自己体验到成功的滋味

很多时候，所谓"不擅长"，实际上是自己在这门学科上没有感受到成就感。为了改变这种状况，我们可以先给自己制定一个小目标，或者选择从简单的内容入手。通过这些方式，先获得一些成就感。这不仅会增

> 数学才没有那么难呢，我相信自己能学好的!

不擅长

很难

强我们的自信心，还有助于我们在薄弱学科的学习中发力。

2. 撕掉"不擅长"的标签

很多时候，我们认为某个学科很难，是因为我们给这门学科贴

了"不擅长"的标签。因此，我们要先从思想上撕掉"不擅长"的标签。多给自己一些积极的心理暗示，告诉自己这门功课"其实并没有那么难"。

3. 允许自己犯错

我们之所以畏难，是因为怕犯错。比如，数学计算题总出错，为了不犯错，我们就会认为："它太难了，不然怎么我总是做错呢？"紧接着，再遇到计算题时，就会习惯性地产生"我不想做了，因为我总是做错"的想法。因此，我们要给自己犯错的机会，不要因为一两次成绩不好，而质疑自己在这门学科上的学习能力。

妈妈，这几道错题，您可以给我讲讲吗？

当然可以啦，我们把它们整理到错题本上，多复习，这样下次就不会错了！

一看书就犯困，
怎么提升阅读兴趣？

小舟，不是让你看书吗？
怎么睡着了？

周末，爸爸出差了。妈妈要外出买菜，便让周小舟一个人在家看书。

周小舟虽然心里不愿意，但还是照做了。

半个小时后，妈妈回来了，打开周小舟的房门，看到周小舟趴在桌子上睡着了。妈妈很气愤地喊道："小舟，不是让你看书吗？怎么睡着了？"

"妈妈，您回来了。"周小舟边揉眼睛边说。

"唉，真拿你没办法。一看书就犯困，真不知道你怎么才能喜欢上读书。"妈妈无奈地说。

导语

很多小朋友对阅读这件事情无法产生兴趣，这是很正常的现象，因为我们的大脑要经过一段时间的文字"喂养"才能爱上阅读。那么，我们具体应该怎么做呢？

对读书没兴趣，一看书就犯困，怎么办？

当我这样做	成长专家点评
老师让我们每天读书"打卡"十分钟，我每天都读，但是我只读十分钟，不会多读一分钟。	坚持"打卡"是好事，但要想培养自己的阅读兴趣，只是完成任务一样地要求自己是不够的，要发自内心地、主动地去读书。
我要边吃零食边读才不会犯困。	这看似是在读书，实则三心二意。这样不仅很难理解书的内容，还会使我们的读书效率大大降低。
我会先选择自己喜欢的书来读，并且坚持每天读半个小时。逐渐再读一些深奥的、经典的书。	先从喜欢的书读起，这是一种兴趣的引导。每天坚持阅读，才能逐渐养成阅读习惯。

自驱力实战训练

一看书就犯困，这要怎么办呢？不妨试试下面的小妙招吧。

1. 调整好自己的作息时间

有时候看书犯困并不是因为不喜欢读书，而是因为没有休息好，比如晚上睡觉太晚。所以，我们要先调整好自己的作息时间，然后才能投入读书这件事情中。

2. 与父母共读

我们可以跟父母一起，根据书里面的情节来进行角色扮演；也可以跟父母进行阅读比赛，看谁的阅读速度更快。看完以后，我们还可以和父母一起探讨，说说自己对所看的内容的理解。

家庭阅读比赛

哈哈，我读完了，我是第一名！

3. 制订读书计划

我们可以制订读书计划，每天在固定的时间段内进行阅读。无论有什么事情，都不要打乱自己的读书节奏。先让自己养成读书习惯，再培养读书兴趣。

4. 出去游玩以激发兴趣

让父母多带我们去科技馆、博物馆等地方游玩。游玩期间，留意自己好奇的地方。回家后，带着疑问寻求答案，主动翻阅这方面的书籍。久而久之，就会对读书产生兴趣。

耶，今天的阅读"打卡"完成！

每日阅读时间
- ✓ 上午 9：00~10：00
- ✓ 中午 1：00~2：00
- ✓ 下午 3：00~5：00

哈哈哈，爸爸的头发都竖起来了！妈妈，这是为什么呀？

这个嘛，我们回家一起翻书寻找答案吧！

静电球

第二章

生活自理很重要

上学总迟到，
怎么让早晨不着急？

报……报告！

小舟，这是你本周第三次迟到了。

"丁零丁零——"

上课铃声响了，刘老师拿着书本走进了教室。

同学们起立向老师问好，刘老师开始讲课了。

"报……报告！"

周小舟气喘吁吁地站在教室门口，没错，他又迟到了。

"小舟，这是你本周第三次迟到了。"刘老师严肃地说道。

"对不起，老师，我……"周小舟不知道怎么解释，不是因为生病，也不是天气原因，只是因为自己赖床。这个理由说出来，同学们会笑掉大牙的。

"赶快回到座位上。明天不能迟到了。"刘老师急着讲课，就没再多追究。

周小舟终于松了一口气，心想：我总是起不来，早晨时间太紧张了，我也没办法呀！

导语

　　我们身边是不是有经常迟到的同学，又或者我们自己是不是也因为早上时间紧张而迟到过？

　　迟到不仅会影响自己上课的状态，也会耽误大家的时间。那么，我们就要想办法让早晨的时间充裕起来，不要弄得自己手忙脚乱的。下面，就让我们一起想办法利用好早晨的时间，告别迟到的困扰吧！

怎么做 才对呢？

今晚整理好书包和衣服，明早就不会慌乱了。

当我这样做	成长专家点评
早晨，闹铃响了三遍，我才从被窝里爬出来。没顾上吃早餐，我就飞奔到了学校。	赖床是我们迟到的常见原因之一，早晨起床磨蹭，后面的时间就不够用，于是早晨如同打仗一样紧张。
早晨洗漱、吃饭用了一个小时，爸爸开车送我上学，生怕我迟到了。	磨磨蹭蹭的生活习惯很浪费时间，虽然这次没有迟到，但这种习惯需要改正。
制订作息计划，每晚准备好第二天要带的东西，定好闹钟准时起床，洗漱、吃饭到出门只用三十分钟。为了避免堵车，我还会在作息计划中预留出十分钟的堵车时间。这样就能保证提前五分钟到学校。	按照作息时间表来，不仅让我们做事情有条不紊，更重要的是能避免丢三落四，更不会让整个早晨变得匆忙、慌乱。

自驱力实战训练

怎么让早晨变得时间充裕，避免上学迟到呢？我们可以试试这样做。

1. 保证充足睡眠，早睡早起

晚上睡得早，保证充足的睡眠，早晨才不会因为犯困不想起床。早起会让时间变得相对充裕。因此，养成早睡早起的习惯很重要。

2. 制定流程，并养成习惯

我们可以为上学制定一个明确的流程，这样就不会因慌乱而耽误时间。比如，前一天晚上整理好书包，准备好第二天穿的衣物；早晨起床后穿衣服，然后刷牙、洗脸、吃早饭、换鞋，最后背书包出门。

> 早起的感觉真好，时间也充裕多了。

3. 拒绝拖延，提高效率

　　一般早上时间紧张，如果我们做事情再拖拖拉拉，必然会耽误很多时间。因此，我们要提高做事的效率，这样才能保证上学不迟到。比如：两分钟内刷完牙，十分钟内吃完早餐。

不错，小舟今天动作很快嘛！

妈妈，我已经洗漱完，也吃完早餐了。我要去上学了！

收拾书包，
怎么避免丢三落四

果果，你带彩笔了吧?

糟糕，我忘了!

今天爸爸有时间送于果果上学，她很开心。

从走出家门开始，于果果一直在和爸爸谈论自己喜欢的小提琴演奏家。

到了学校门口，爸爸提醒她："果果，你带彩笔了吧？"

"彩笔？"于果果像是突然想起什么。

原来她忘了带彩笔。早晨妈妈提醒她带彩笔，今天有美术课，她只顾着和爸爸说话，完全忘记了这件事。

"糟糕，我忘了！"于果果小声说道。

"这可怎么办？马上要上课了。"爸爸无奈地说道，"我回家帮你取，会放到门卫处，你课间来取一下吧。"

于果果心想：也只能如此了，毕竟自己丢三落四不是一天两天了。

导语

刚上小学一年级的时候，父母可能会帮我们收拾书包，但是随着年龄增长，我们应该学会自己收拾书包。然而，今天忘带笔、明天忘带橡皮的情况经常出现，父母总是怪我们丢三落四。

下面，我们可以这样练习，从而改掉丢三落四的习惯。

怎么做 才对呢?

把明天要用的文具收拾好。

当我这样做	成长专家点评
每天早上上学之前,我才收拾书包,时间紧迫,难免会有遗漏。	早上时间紧迫,尽量前一天晚上就收拾完毕。
每天晚上都有作业,书本、文具都会拿出来,但我就是懒得收拾。	重复性的事情的确会让我们感到厌烦,但是这些事情本就是自己的事情,所以自然要自己完成了。
每天晚上写完作业,我会看一下第二天的课程,然后将所需的书本、文具放到书包里。第二天早上上学前,我会再检查一下,看看是否有遗漏。	按照固定的流程来做,能够很好地避免遗漏,同时也能够养成良好的生活习惯。

自驱力实战训练

收拾书包，怎么避免丢三落四呢？这些方法我们一定要知道。

1. 一件一件收拾

我们年纪还小，做事情的时候缺乏条理，这很正常。如果我们要同时做两三件事，注意力是无法集中的，就容易丢三落四。因此，收拾物品可以一件件地来，先将书本放好，再收拾笔、尺子等。

2. 做个清单表

我们可以将要用的学习用具记在清单上，将清单贴在书桌前，这样每次整理书包的时候都可以看到清单。每次按照清单来整理用具，自然不容易出现遗漏。

书包整理清单

周一要带的东西：

周二要带的东西：

周三要带的东西：

周四要带的东西：

周五要带的东西：

3. 请父母帮忙检查

　　我们在刚开始自己整理书包时，可以让父母帮我们检查一遍，避免出现遗漏。

自己买午餐，
怎么选择健康的食物？

肚子好痛啊！一定是中午吃太多东西了……

周末，妈妈要去公司加班，胡明明一个人在家里。

"明明，中午你想吃什么？妈妈给你点外卖。"妈妈走之前问明明。

"妈妈，我想自己买午餐。"胡明明有自己想吃的东西。

妈妈答应了明明。

中午，胡明明看到路边有卖肉夹馍、关东煮等很多小吃的摊位，心想：终于可以吃点平时妈妈不让我吃的食物了。

于是，胡明明走进一家快餐店，买了一杯冰可乐、一袋薯条，以及一个辣味汉堡。吃完他又买了一个冰激凌。

下午，胡明明就开始不舒服了，肚子痛得出虚汗。妈妈回家后马上带他去了医院。

导语

自己买午餐时，我们总是希望买一些自己喜欢吃但平时家长不让多吃的食物，很少会考虑这些食物是否健康、卫生。因此，我们要学会选择健康的食物，避免吃完后影响我们的身体。

下面，就让我们一起看看哪些食物可以被称为健康的午餐吧！

看上去营养又美味，我要享用午餐了！

当我这样做	成长专家点评
我想吃什么就买什么，尤其是妈妈平时不让我吃的，正好趁机解解馋。	平时父母不让我们吃一些食物，比如炸鸡、可乐等，这是为了避免我们生病。
虽然我感冒了，医生不让吃辣的、凉的，但我还是忍不住想吃。	身体不舒服的时候，一定要遵循医嘱，这样才能让身体好起来。
吃午餐要营养均衡，肉、菜、主食都不能少。同时，我要选择卫生的餐厅。	营养均衡、卫生的食物不仅能给我们的身体提供足够的能量，还能让我们的身体保持健康。

自驱力实战训练

自己买午餐，该如何选择健康的食物呢？不妨按照下面的小技巧进行挑选吧！

1. 荤素搭配，营养均衡

我们正处于生长发育的关键时期，需要摄取充足的营养。因此，食物应该包含各种营养成分，包括蛋白质、脂肪、碳水化合物、维生素和矿物质。注重荤素、干稀、米面和粗粮的搭配，做到饮食均衡。另外，每天摄入适量的新鲜蔬菜和水果，因为蔬菜和水果富含维生素、矿物质和膳食纤维，有助于增强免疫力、促进消化和预防便秘。

2. 关注食品的制作方式，少吃油炸或高盐、高糖食物

除了选择健康的食材，也要注意食品的制作方式。避免选择过度油炸或者高盐、高糖的食物，过多的脂肪和糖分摄入会增加患肥胖症和糖尿病等慢性病的风险。因此，应该尽量少吃油炸食品、糖果等。

3. 注重饮食卫生，选择正规门店就餐

我们应该注意食品的安全和卫生，避免食用过期、变质或不干净的食品，尽量选择到正规门店就餐，不在路边摊购买食物。

看起来太邋遢，怎样管理个人卫生？

浩浩，你怎么这么邋遢？

妈妈将饭菜端上了桌子，张浩浩狼吞虎咽地吃了起来，菜汤滴了一身……

　　"洗手了吗，浩浩？"妈妈喊道。

　　"我写完作业的时候洗了。"张浩浩边吃边说。

　　"可是后来你还玩玩具了呀？玩玩具后也应该洗手的。"妈妈说道。不过已经晚了，张浩浩已经拿起鸡腿吃起来了。吃完鸡腿，他发现手上沾满了油，直接在衣服上蹭了蹭手。

　　"浩浩，你怎么这么邋遢？吃个饭弄得满身都是。你看看衣服上，除了油渍就是笔渍。"妈妈抱怨着。

导语

　　我们平时可能不太注意个人卫生，比如：会将自己的衣物弄得很脏，吃饭前不愿意洗手，等等。这些都是不卫生的表现，不仅会影响身体健康，还可能对学习和社交产生不利影响。因此，养成良好的卫生习惯十分重要。

　　下面，我们可以这样做，让自己变成一个讲卫生的勤快小孩。

怎么做 才对呢?

个人卫生行为标准

1. 勤洗头洗澡

2. 保持衣物整洁

3. 勤剪指甲、勤理发

4. 饭前便后要洗手

当我这样做	成长专家点评
衣服脏了妈妈帮我洗,头发脏了妈妈帮我洗,所以我平时根本不用操心。	随着年龄的增长,我们要对自己的卫生负责,不能完全依赖父母。
日常琐碎的事情太多了,我总是忘记饭前洗手、进门换拖鞋等小事。	的确,要让自己看起来不邋遢,需要从各个方面的小事做起,这就需要我们有意识地去养成良好的卫生习惯。
我已经养成讲卫生的好习惯:每天洗头洗澡,换干净衣服;勤剪指甲、勤理发;饭前便后会洗手。	从小养成良好的个人卫生习惯十分重要。我们即便还没有养成,也要有意识地去做。

我们要怎样管理自己的个人卫生，让自己看起来不邋遢呢？不妨试试这样做。

1. 给自己制定一个行为标准

勤剪指甲、垃圾不乱丢、饭前便后要洗手等，这些良好的卫生习惯我们可以在日常生活中逐渐培养。我们可以给自己制定一个行为标准，并要求爸爸妈妈监督，以帮助自己养成良好的个人卫生习惯。

2. 制订卫生周期计划

有些事情是可以按照固定周期完成的，比如：剪指甲可以固定为一个月两次，理发可以固定为一个月一次。按照周期计划来做，这样便不会出现遗漏。

爸爸，我今天该剪头发了！

好，爸爸带你去剪一个帅气的发型！

理发店

房间脏又乱，
怎么收拾更整洁

？

小可，妈妈就出去了一会儿，你怎么把房间弄得这么乱？

打开房门的那一刻，陶小可的妈妈惊呆了。

地上散落着水杯、零食袋子和碎纸屑，床上被子也没有叠，毛绒玩具和脏衣服扔得满床都是。

"小可，妈妈就出去了一会儿，你怎么把房间弄得这么乱？"妈妈有些生气地说。

"妈妈，我的房间有那么乱吗？"陶小可似乎还没有意识到问题的严重性。

"太邋遢了，你要学会收拾房间，妈妈不可能帮你收拾一辈子的。"妈妈无奈地说。

导语

我们平时是不是不爱收拾卫生呢？是不是觉得叠被子、擦桌子、扫地这些事情很辛苦？然而，我们要知道，这些事情父母每天都在默默帮我们做。养成良好的生活习惯至关重要，它不仅仅关乎个人卫生，更是培养我们独立能力的关键步骤。同时，一个整洁有序的环境不仅能提升我们的生活品质，还能培养我们的责任感和自律性。

下面，就让我们一起动手收拾，把房间变成干净、整洁的小天地吧！

当我这样做	成长专家点评
不管是干净衣服还是脏衣服，扔到柜子里就行了，反正也看不见。地板没必要每天打扫，表面上看着干净就行了。	不能敷衍了事，要保证看得见的、看不见的地方一样干净、整洁。
房间里东西太多了，我不知道怎么收拾，干脆不收拾了。	房间过于杂乱的时候，会出现无从下手的情况。因此，平时要勤于收拾，不能犯懒。
把房间里的物品分类摆放，书本放在书架上，杯子、茶壶摆在茶盘上，用完后再放回去，这样就不会乱。另外，还要定期整理，把不用的东西清理出去。	这种整理方式是高效的，定期清理没用的物品，其实就是"断舍离"。

　　怎么收拾能让房间变得干净、整洁呢？这些生活小技巧值得学一学。

1. 学会物品分类

　　把房间分为学习区、休闲区、睡觉区和衣物区，物品按区分类，将对应的物品放到对应的区。

2. 打包整理不常用的物品

　　准备一个大箱子，将不经常用的物品放到一起，尤其是不玩的玩具，再将大箱子放到不碍事的地方。

> 把这些不常用的东西放到箱子里，房间就变得整洁多了。

3. 在固定时间收拾

　　每天抽出十分钟来收拾房间，这十分钟是固定的时间段，比如吃完晚饭后。

4. 及时清理垃圾

垃圾要随时清理，以保持环境的整洁。比如，糖果包装、水果皮等，都应直接扔进垃圾桶，不要放在茶几上或其他地方。这样的习惯不仅能减少细菌的滋生，还能让我们的生活环境更舒适。

垃圾不能随手乱放，要马上扔进垃圾桶里！

自己管理零花钱，
怎样合理分配

?

菲菲，这已经是今年第三次你提前花完零花钱了。这个月你都买什么了？

买了一个洋娃娃、一个手账本……

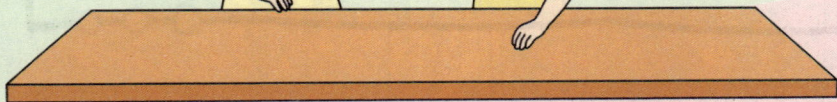

好朋友于果果的生日还有三天就到了，杜菲菲想要买一个生日礼物送给她，但发现自己的零花钱不够了，这可怎么办呢？

杜菲菲找到妈妈，希望能够预支下个月的零花钱。

"菲菲，这已经是今年第三次你提前花完零花钱了。这个月你都买什么了？"妈妈无奈地说道。

"买了一个洋娃娃、一个手账本……"杜菲菲说道。

"结果就是你没钱给好朋友买生日礼物了。"妈妈说道，"我们要学会合理分配零花钱，不然再多的零花钱也不够花。"

导语

零花钱花得有意义，是正确使用零花钱的关键。当然，我们认为有意义的事有很多，比如：购买喜欢的书或者文具，买点小零食，等等。我们要根据自己零花钱的多少，进行合理分配，把零花钱花在最需要的地方。

下面，我们就学着如何合理分配自己的零花钱，让每一分钱都花得值得。

我不能把所有的零花钱都花光,应该留一部分存起来。

当我这样做	成长专家点评
每个月1号妈妈给我100元零花钱,我想买什么就买什么,花完了再跟妈妈要,妈妈一心软就会给我。	在我们软磨硬泡的情况下,父母可能会打破原则,额外给我们一些零花钱,但这不利于我们学会合理规划金钱。
我花钱总是没有计划,看到喜欢的东西,一时冲动就买了。	没有规划,自然就没有计划,更谈不上将钱花在有意义的事情上了。
每个月妈妈给我100元零花钱,每周大约有25元,这25元我是这样计划的:10元留着买必备的文具用品,存下5元应急,剩下10元买零食和礼物等。	我们可以将零花钱分为几部分,用于买学习用品、零食、玩具、礼物等,给每一部分分配一定的金额,这样就不会超支了。

自驱力实战训练

自己管理零花钱，到底要怎样合理分配呢？下面的方法很不错，值得我们尝试。

1. 制订零花钱使用记录表

我们可以制订一个零花钱使用记录表，包含日期、明细、金额、结余。这样，我们就能一目了然地看到自己这个月或这一年都花了多少钱、买了哪些东西。

日期	明细	金额	结余
5月2日	文具	28元	72元
5月9日	零食	15元	57元
5月17日	生日礼物	30元	27元

2. 养成储蓄的习惯

无论家长每个月或每年给我们多少零花钱，我们都应该将其中一部分用作储蓄，以备不时之需。尽管我们不会存储太多的钱，但是养成储蓄的习惯是十分有必要的。

3. 定期进行分析

如果我们每个月都能从父母那里拿到零花钱，那么在每个月过后，我们要对自己零花钱的使用情况进行分析，看看自己在哪方面超支了。

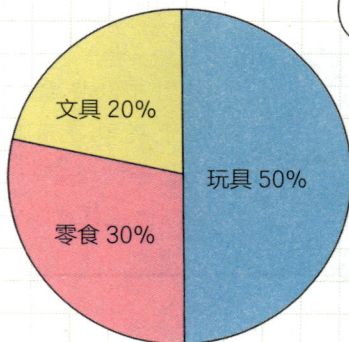

> 上个月我花太多钱买玩具了，下个月要注意不能超支。

文具 20%
玩具 50%
零食 30%

100

第三章

适度放松有意义

放假在家，怎样平衡学习和娱乐？

完了完了，作业要写不完了！

终于放暑假了。

张浩浩开心地回到家，将书包顺手扔到了沙发上，心想：我终于可以痛痛快快地玩耍两个月了。

一周过去了，张浩浩还是每天只顾着玩，根本没有学习的意思。

妈妈希望张浩浩能够写点作业，可是他满不在乎地说："放假才一周嘛，我想玩几天再写作业。"

就这样，作业被一拖再拖。转眼间，还有一周就要开学了，张浩浩这才意识到作业还未完成，不得不开启了疯狂的赶作业模式。

导语

放假回到家，我们把书包一扔，就开始沉浸在无尽的玩乐中，看电视、玩手机、外出打球……丰富的娱乐活动让我们忙得不亦乐乎，开心是开心，但书包却一直被冷落在一边。父母看到我们这样，肯定是担忧的。毕竟，假期不仅仅是放松的时间，对学习查缺补漏、预习新课也是很重要的。

接下来，我们就一起看看怎么平衡学习与娱乐吧！

怎么做 才对呢?

浩浩，今天早上怎么没出去玩儿啊?

我计划每天上午写作业，下午再出去玩儿。

当我这样做	成长专家点评
我可以先尽情地玩，玩够了再做假期作业。	我们一旦玩起来会发现，无论玩了多少天，都不会玩够。"玩够了再学"是我们推迟学习的借口。
在学校学习已经很辛苦了，在家还不能好好玩一下吗? 劳逸结合啊!	的确，在学校学习比较紧张，但这不是我们假期不学习的理由。
我有自己的假期计划，我会每天学习两到三小时，剩下的时间用来娱乐或进行其他活动。	按照假期计划安排假期生活是不错的方式。每天在固定时间段学习，在剩下的时间做其他事情，这样的假期既能放松身心，又能兼顾学业。

自驱力实战训练

　　放假后，我们究竟要怎样平衡学习和娱乐呢？下面的方法值得我们学习。

1. 设置优先级

　　先想想学习和娱乐哪个更重要，根据自己制定的目标和需求来安排时间。先完成重要的学习任务，剩下的时间再用来做其他事情。

2. 尝试多种娱乐方式

　　假期尽可能尝试多种娱乐方式，比如运动、露营、参观博物馆、与朋友交流等，别老是盯着电子产品。这样的娱乐不仅能够丰富自己的生活，也更有意义。

3. 制订假期计划表

　　放假期间，我们要合理安排学习、休息和娱乐时间，可以制订一个清晰的计划表，规划每天或每周的学习和娱乐时间，让每一天都过得充实而有意义。

一玩起来就忘记时间，
如何有效自我提醒

菲菲，快点回家吃饭啦！

妈妈，我想再玩一会儿！

杜菲菲和于果果约好了周六一起在小区玩耍。

在杜菲菲出门前，妈妈叮嘱她一定要在中午十一点半之前回家，因为十二点家里要吃午饭。

杜菲菲满口答应，然后飞奔到了楼下。

两人玩得不亦乐乎，一会儿打雪仗，一会儿堆雪人。眼看快到中午十二点了，杜菲菲还没有回家，妈妈只好下楼去找她。

看到妈妈的那一刻，杜菲菲说："妈妈，我想再玩一会儿。"

"快十二点了，还早什么？赶快回家吃饭了。"妈妈边说边拉杜菲菲回家。

"怎么时间过得这么快？我感觉才刚开始玩儿呢。"杜菲菲嘟囔着。没办法，她只好乖乖回家了。

导语

生活中，有许多好玩的事情会让我们沉迷其中。在这种情况下，我们往往会忽视其他重要的事。那么，如何有效地自我提醒呢？

本周五上午十点到十二点,参加演讲比赛!!!

当我这样做	成长专家点评
我一玩手机、看电视,就容易忘记学习。	贪玩往往反映了我们在自我管理上还有所欠缺。当遇到好玩的事情时,忘记自我提醒也很正常。但我们要想办法建立自我提醒的意识。
我知道学习的时间快到了,但还是想再玩一会儿。	自我提醒的意识建立了,但还是会忽略自己的提醒,继续玩,这是拖延的坏习惯在作祟。
我已经养成了良好的时间管理习惯,我会根据手表或者闹钟上的时间来提醒自己。如果时间到了,我会进行下一项任务。	在手表或闹钟上设置提醒,当玩乐时间结束时,提醒自己开始学习,这样可以有效地利用时间,确保自己不会沉迷于玩乐中。

我们可以从以下几个方面做起，开始建立时间观念，逐步养成自我监督、自我提醒的习惯哦！

1. 使用时间工具，多留意时间

我们可以利用时间工具，比如在家里多放几个闹钟，或者佩戴手表，养成随时随地看时间的习惯。这样我们可以在不知不觉中关注时间、珍惜时间。

2. 写小纸条提醒自己

俗话说"好记性不如烂笔头"。遇到重要的任务，我们不妨用小纸条记下任务的开始和结束时间，将小纸条贴在显眼的地方来反复提醒自己。

> 菲菲，妈妈给你买了一块手表，希望你能加强时间观念哦。

> 哇，谢谢妈妈！这样我以后就能随时看时间了。

3. 请小伙伴帮忙监督

有时候，为了防止自己一个人忘记时间，我们可以找个小伙伴互相监督、互相提醒。

菲菲，你看看现在几点了。你刚才不是说你妈妈让你十一点半回家吃饭吗？

呀，时间到了，那我现在该回家了！

手机太好玩，怎样才能避免沉迷？

哈哈哈，这个短视频太好笑了！

浩浩最近沉迷于手机，这样可不行……

放学后，张浩浩总是喜欢抱着手机不放，玩游戏、看视频……这天，爸爸实在忍无可忍，把张浩浩的手机没收了。

"为什么你们能看手机，我就不行？"张浩浩不满地质问爸爸。

"爸爸和妈妈用手机主要是为了工作，而不是像你那样玩游戏、看视频。"爸爸解释道。

张浩浩心里也明白，父母用手机主要是为了工作，而自己用手机完全是为了玩。可是自己总是控制不了对手机的依赖，该怎么办呢？

导语

原本计划玩一小时手机，结果玩了好几个小时；原本计划晚上九点睡觉，结果玩手机玩到了深夜；原本计划写完作业再玩手机，结果只顾着玩手机，作业却没写。我们是不是经常遇到这样的情况？

那么，如何才能摆脱对手机的沉迷呢？

怎么做 才对呢?

> 这本书真好看，我好像没那么想玩手机了。

森林历险

当我这样做	成长专家点评
父母在玩手机，我玩一会儿也没事。	父母作为成年人，很多时候是在用手机工作。我们作为学生，主要任务是学习。
我可以玩一会儿手机，写一会儿作业，这样我才有学习的动力。	这样做看似没有问题，但是只有我们自己明白，这样做的结果是玩了一个小时手机，写了十分钟的作业。
少玩手机多看书，培养对阅读的兴趣。实在想玩手机就定好时间，比如在写完作业后玩半个小时，并提前设置闹钟，避免自己超时。	设定使用手机的时间，这样可以让我们逐渐减少对手机的依赖，并且有更多的时间去参与其他有意义的活动。

自驱力实战训练

手机上的游戏五花八门，内容也丰富多彩，让人难以抗拒。那么，怎么才能避免让自己沉迷其中呢？下面的方法很实用，不妨照着做吧！

1. 找找其他乐趣

当你想玩手机的时候，试着去找其他好玩的事情做，例如阅读、画画、运动等，并投入更多的时间和精力去发展这些自己感兴趣的活动。你会发现，其实有很多比玩手机更有趣的活动。

2. 与家人、朋友互动

多和家人、朋友交流和互动，例如一起玩游戏、做手工、进行户外活动等。这样不仅可以增强我们与他人的联系，也可以减少我们对手机的依赖。

和朋友们在一起玩真开心！

3. 将手机存放在特定地点

将手机放在一个特定的地点，例如书房或客厅，而不是随身携带。当我们想玩手机时，需要离开当前的环境去取手机，这样可以增加我们使用手机的难度，从而控制自己，减少沉迷的可能性。

> 手机放在客厅了，起床去拿好麻烦呀！算了，不玩儿了，早点睡觉吧！

4. 了解长时间玩手机的危害

爸爸妈妈会告诉你长时间玩手机对眼睛不好，还会影响学习和睡眠。知道了这些，你就不会总想着玩手机了。

假期玩得很尽兴，
新学期应该怎么收心？

每次开学的第一周小可都会出现这种情况——上课不认真听讲，回家不想写作业，还像在放假一样。

妈妈，我再玩一会儿，就一会儿……

"小可，我们该写作业了，别玩了。"妈妈又催陶小可写作业了。

　　开学已经三天了，陶小可每天放学后第一件事还是玩她在海边旅游时捡到的贝壳。

　　"妈妈，我再玩一会儿，就一会儿。这些贝壳太神奇了，真的很漂亮。"陶小可没有理会妈妈的催促，还在玩贝壳。

　　妈妈看了看墙上的钟表，已经晚上九点了。妈妈心想：每次开学的第一周小可都会出现这种情况——上课不认真听讲，回家不想写作业，还像在放假一样。

导语

　　假期已进入了尾声，有的同学还在为作业奋战，有的兴奋情绪还难以平复，还有的作息时间依旧混乱。有的同学甚至在开学初的一两周，会出现上课走神、放学后写作业拖延等问题。那么，如何从这种生活状态中调整过来，尽快恢复学习状态呢？

怎么做 才对呢?

妈妈,我还能再看一会儿电视吗?

不行,再过三天就要开学了,你从现在开始就要早睡早起。

当我这样做	成长专家点评
上课时,我的脑海里还是会浮现假期出去游玩的情景,我也控制不住自己。	这些问题都是假期综合征的表现。漫长的假期过后,如果没有提前加以引导,开学后很容易出现上课走神等情况。
假期每天很晚才睡觉,早上很晚才起床。现在开学了,晚上太早我睡不着,早上也起不来。	假期太过放松会导致生活作息紊乱。如果不进行调整,会影响我们的休息和身体健康。
我会在假期结束前一周开始调整自己的状态,这一周我不会安排自己出去游玩,而是按照学校的时间表安排作息时间。	有计划地安排假期生活,其中也包括开学前的收心。在开学前完成收心,开学后就能更快地进入学习状态。

自驱力实战训练

假期玩得很尽兴，新学期应该怎么收心？下面的小妙招可以试试。

1. 与父母一起回顾假期生活，谈谈收获和感受

我们可以和父母一起倒电影式地回放一遍假期生活，同时，对照假期计划，看看哪些已经完成，哪些尚未完成。也可以分享一下假期中的收获、感受，总结并分析存在的不足。通过回顾和分享，你可以将假期中的收获转化为新学期的动力，将需要改进的地方作为新学期的努力方向，这个过程可以帮助你更好地适应新学期的节奏。同时，它可以帮助你更加清晰地认识自己，更加明确新学期的目标和计划，从而更加自信和有准备地迎接新学期的挑战。

> 小可，这个暑假过得开心吗？

> 简直太开心了！爸爸、妈妈你们看，我去了海边，去了植物园，还学会了滑滑板呢！

> 看来小可在这个假期中的收获不小呀。我们把这些收获和感受总结一下，写一篇作文好不好？

2. 提前联系同学，分享交流

经过一个长假，同学们可能都会有一些变化，我们可以提前与同学互相分享假期的见闻。分享可以帮助我们从假期的悠闲状态转换为即将到来的学习状态，感受到彼此之间的关心和支持，从而增强对集体的归属感，为回归校园生活做好心理准备。同时也能避免到学校后上课交谈，影响学习。

3. 调整作息，迎接新学期

开学前几天，我们应该提前调整作息，以适应上学的节奏。具体来说，就是要做到早睡早起，保证充足睡眠；同时，还应该减少晚间娱乐时间，并增加白天的活动量。

果果、菲菲，这次假期我去了海边，你们都去哪里玩儿了？

我去了草原！

我去爬山了！

第四章

培养兴趣添动力

什么都不喜欢，怎样找到自己的兴趣？

明明，长时间坐着学习对身体不好，出去放松一下吧。

除了学习，我也不知道做什么……

胡明明虽然学习很好，但也有学习疲惫的时候。

周日，妈妈让他放松一下，可胡明明说除了学习，他也不知道做什么。

妈妈说："对什么感兴趣就做什么，想想你平时喜欢什么。"

胡明明听完妈妈的话，开始认真思索：我喜欢什么呢？杜菲菲擅长演奏小提琴，周小舟擅长体育，而我除了学习，好像什么也不擅长。

胡明明将自己的困惑告诉了妈妈，妈妈耐心地引导他："羽毛球、篮球、画画、唱歌……都可以尝试呀！"

但胡明明还是很迷茫：除了学习，我到底对什么感兴趣呢？

导语

当我们在讨论兴趣爱好的时候，经常会有人说："我连自己的兴趣是什么都不知道。"其实，不清楚自己喜欢和擅长什么是很正常的现象。这就需要我们主动去寻找自己的兴趣所在。那么，如何找到自己真正的兴趣爱好呢？

怎么做 才对呢？

> 画画的时候，我感觉时间过得很快，也很快乐……

当我这样做	成长专家点评
我看某某擅长打篮球，所以我也想打篮球。	适合别人的不一定适合自己，别人喜欢的也未必是自己真心喜欢的，所以不要随大流，要找到真正适合自己的、喜欢的项目。
妈妈让我上什么兴趣班，我就学什么，反正我也不知道到底什么有趣。	父母让我们上兴趣班，是为了让我们找到自己的兴趣点，并培养我们的兴趣。我们要学会倾听自己内心的声音。
我积极参加了各种课外活动，比如画画、唱歌、爬山、跳绳等。我发现在画画的时候，我感觉很快乐。我想画画就是我的兴趣点。	多多参加课外活动，这样我们才能了解更多的东西，我们才会知道喜欢什么、不喜欢什么，更加了解自己。

自驱力实战训练

不知道自己喜欢什么，怎么找到自己的兴趣爱好呢？不妨试试下面的宝藏方法吧。

1. 尝试探索法

有机会多接触、多体验一些新奇事物，以此来开阔我们的眼界。比如，可以让爸爸妈妈带我们去科技展馆和博物馆、美术馆，或者参加户外探险活动。我们之所以不知道自己对什么感兴趣，可能是因为我们长期地关注自己身边的事情，而忘记了远处的风景。

2. 观察总结法

在日常生活中，要留心观察自己，发现自己的注意力集中在哪方面。比如，做什么事情会花费自己较多时间，做什么事情会让自己感到快乐和享受，这可能会是我们的兴趣爱好所在。

机器人展览

哇，这些机器人真是太酷了，我也想学制作机器人！

3. 排除法

罗列自己和周围同学的兴趣，然后逐一排除，看看最后剩下哪些。假设你列出了以下兴趣：唱歌、游泳、画画。通过尝试这三个方面的活动，你发现自己对画画特别感兴趣，能够获得成就感和满足感，并且有进一步探索的欲望，那么画画可能就是你的兴趣所在。

☀ 兴趣爱好调查表

游泳

画画

唱歌

通过排除法，我感觉自己喜欢画画！

练习过程太枯燥，
怎样才能坚持下去 ?

我听着都觉得枯燥了，怎么果果练习起来还这么有激情呢？

陶小可到于果果家做客，恰巧碰到于果果在练习小提琴。

于果果对陶小可说："小可，你再等我十分钟，我还有一首曲子没练完。"

于是，陶小可坐在沙发上开始听于果果拉小提琴。

一首曲子，甚至一小节乐谱，于果果竟然要重复拉很多次。陶小可心想：我听着都觉得枯燥了，怎么果果练习起来还这么有激情呢？

终于，于果果练习完了。陶小可说道："你拉得太好了，不过一首曲子要练习这么多次，不会觉得枯燥吗？"

"是的，有的曲子练习的次数更多，但是我已经习惯了。"于果果说道。

导语

无论做什么事情，要想出效果，肯定离不开反复的练习，学习也是如此。比如，我们想要取得好成绩，势必要反复记忆、做题。对于有目标的人来讲，过程再枯燥也能坚持下来；而对于没有方向和目标的人来讲，单是练习过程的枯燥就足以让他放弃。

下面，我们一起学着从枯燥的练习中找乐趣，让自己坚持下去吧！

怎么做 才对呢？

同学们，下面我们玩一个游戏，用拉琴来模仿小动物的声音……

哇，听上去好有趣！

当我这样做	成长专家点评
我知道枯燥的练习是培养一门爱好的必经之路，父母会要求我坚持下去。我虽然有些不情愿，也只能坚持。	虽然父母要求我们坚持下去，不允许我们放弃，可不是发自本心的练习，往往不会有太大的进步。
如果我真的放弃了，父母肯定会严厉地责备我；如果我应付练习，父母可能不会那么严厉地责备我。	应付父母是在浪费自己的时间和精力。遇到困难或者想放弃时，我们不妨主动和父母沟通，寻求父母的支持。
在练习中，我看到了自己一点点的进步；同时，老师也给了我一些指导，这让我感受到了老师的重视。所以，我会努力坚持下去。	从枯燥的练习中发现乐趣，从老师的指导和鼓励中获得安慰，这些满足了我们心理上的需求，自然能够让我们突破瓶颈期，更愿意坚持学下去。

自驱力实战训练

练习过程太枯燥，怎样才能坚持下去呢？不妨学学这些小妙招吧。

1. 学以致用

当我们对枯燥的练习产生抵触心理的时候，不妨将学到的内容运用到生活中，以此重燃对学习的热情。比如，你学习拉小提琴，在妈妈生日时演奏一首小提琴曲，给她一个惊喜，这不仅能让妈妈感到特别开心，也能让你在准备的过程中重新发现拉小提琴的乐趣和意义。

2. 换一种环境练习

我们可以换一种环境练习，这样会让自己感受到新鲜感，从而更愿意接受练习。比如，原本我们是在家练习拉小提琴，现在可以去公园练习。

3. 用玩游戏的方式来学习

通过游戏化的学习方式，我们可以将枯燥的练习转化为有趣的挑战，还能提高自己的主动性和创造力。比如在拉琴时，可以尝试模仿小动物的声音，让练习变得有趣。

这里的空气真新鲜，景色也很美，好适合拉小提琴啊！

兴趣班上到一半，
想要放弃怎么办

?

浩浩，姿势不对，再练 100 个发球。

打乒乓球好像没有我想象中有趣啊，我不想上兴趣班了……

半年前，张浩浩在爸爸的陪同下报了一个乒乓球兴趣班。开始时，他对此充满兴趣，尤其是看了奥运会期间中国乒乓球队的精彩表现后，他感到十分兴奋，立志要好好练习，长大后为祖国争光。

可是，随着学习的深入，张浩浩经常练得手腕发酸、满头大汗，渐渐地，他觉得自己对乒乓球的喜爱不如一开始那样强烈了，有了放弃的念头。

导语

我们是不是经常遇到这样的场景：刚开始，我们兴致勃勃地报名去兴趣班，但学了一半就因为感到乏味而想要放弃。自己虽然知道不应该放弃，但还是很难提起兴趣。那么，我们应该如何避免半途而废呢？

怎么做 才对呢？

浩浩不错啊，才训练了一个月，已经熟练掌握了基本的发球和接球技巧！

教练，我会继续努力的，我还想跟队里的哥哥姐姐打比赛呢！

浩浩加油！

当我这样做	成长专家点评
学了一段时间，我发现自己已经对打乒乓球失去兴趣了，我打算换其他的兴趣班了。	虽然我们选择兴趣班的前提是要自己感兴趣，但并不意味着可以随便换。这样做不利于培养我们的毅力和动力。
只有学了才知道自己适不适合。我不适合打乒乓球，就是学下去也不可能成为世界冠军。	明确上兴趣班的意义很重要。兴趣可以提高我们的学习动力，丰富我们的生活，上兴趣班的目的并不仅仅就是当世界冠军。
我已经坚持学了这么久，放弃有些可惜。虽然打乒乓球很辛苦，但是我的技术得到了老师的认可。只要我坚持学下去，就一定会有更大的收获。	从现有的兴趣班中找到益处，不断给自己积极的心理暗示，这能激发我们持续学习的动力。

自驱力实战训练

当兴趣班上了一段时间，想要放弃时，要如何做才能重新激发自己的学习兴趣呢？下面的小妙招不妨试试。

1. 激发自己的求知欲

我们上兴趣班的目的是培养自己的业余爱好。如果对兴趣班失去了兴趣，可以通过日常学习或者取得的成绩来激发自己的学习兴趣。比如，感觉对乒乓球失去了兴趣时，可以回顾一下自己学会了新的发球技巧，在某次比赛中获得了名次，等等。这些成绩都是我们努力的证明，也是继续前进的动力。

2. 请求老师和家长的帮助

将自己的困惑告诉老师和家长，寻求他们的支持和帮助。比如，练习打乒乓球很累，老师知道后可能会在课程设置上进行调整。

3. 找到内在的动力

不管是学习什么，真正能让我们坚持到底的，只能是发自内心的热爱。所以，我们要寻找内在的动力，才能更长久地坚持。

兴趣变成压力，
怎样放松心态

万一我拿不到名次怎么办？万一我是最后一名，多丢人呀！

刘老师宣布了一个振奋人心的消息：学校要举办秋季运动会，想参加的同学可以报名。

大家将目光集中到了周小舟身上，因为同学们都知道周小舟擅长体育。

看到大家期待的眼神，周小舟很开心，便踊跃地报了名。

还有两天运动会要开始了，周小舟突然感到有压力，心想：万一我拿不到名次怎么办？万一我是最后一名，多丢人呀！但是现在取消报名肯定来不及了。

周小舟感受到了从来没有过的压力，可他却不知道如何做才能让自己的心态恢复平静。

导语

当我们的兴趣变成了特长，压力接踵而来。这是很正常的现象，比如，我们一开始喜欢唱歌，学习一段时间之后，随着唱歌水平的提升，大大小小的比赛、演出会接踵而来，每次比赛和演出都会让我们感到有压力。压力并不可怕，可怕的是不知道如何缓解压力，让自己放松心态。

下面，我们一起来学学如何让自己放松心态吧！

怎么做 才对呢?

我喜欢跑步,不用太在意名次,尽自己最大的努力就行了!

当我这样做	成长专家点评
同学和老师都对我寄予了那么大的期望,如果我拿不到名次,他们肯定会失望的。	老师和同学对我们是有期望的,但他们更多的是希望看到我们坚持和努力的精神,而非只关注结果。
那么多人看着我比赛,如果拿不到名次,我多丢人呀!以后同样的比赛肯定不会让我参加了。	每个人都有虚荣心,但不要让虚荣心成为自己压力的来源。
我会尽最大的努力,至于结果,不是我能左右的。我相信自己能够取得好成绩;即便没有,我也能从中汲取经验教训,这对我以后的进步是有帮助的。	当我们付出了最大的努力,结果就变得不重要了。如果我们能认识到这点,多一些乐观、自信的想法,我们的压力会减轻很多。

自驱力实战训练

当兴趣变成压力，我们应该怎样放松心态呢？不妨试试下面的小技巧。

1. 深呼吸法

当我们在某些场合或某些事情上感到有压力时，不妨试试深呼吸，找个安静的地方，慢慢地吸气、呼气，多做几次，这样能够让心情平静下来，缓解紧张的情绪。

2. 听音乐法

当我们出现焦虑的情绪时，听音乐能帮助我们缓解压力、放松心情。每天设定一段"音乐放松时间"，听一些你最喜欢的歌曲或者轻音乐；也可以选择一些节奏感强的音乐，跟着节奏跳舞或者做简单的体操，让你在律动中忘记压力。

3. 寻求帮助

和爸爸、妈妈、老师或者好朋友聊聊你的感受，他们可能会给你一些好的建议或鼓励，帮助你找到解决问题的方法。

兴趣爱好影响了学习，应该怎样平衡？

小提琴只是兴趣爱好，不应该占据大量时间。

唉，学习和兴趣好难平衡啊！

孩子喜欢拉小提琴，我们应该支持她。

这周于果果家召开了家庭会议，因为于果果这次期末考试的成绩很不理想。

爸爸的建议是停掉小提琴的学习，理由是于果果每天至少要花费一小时在练琴上。爸爸认为这只是兴趣爱好，不应该占据大量的时间。

而妈妈认为这是女儿的精神追求，应该支持，并且已经学了那么久，轻易放弃实在可惜了。

于果果也陷入了两难，毕竟未来学业压力会越来越大，自己虽然喜欢小提琴，但恐怕也没那么多时间练小提琴了。

因为这件事情，一家三口展开了激烈的讨论。

导语

家长都希望自己的孩子兴趣广泛，才艺出众。我们也希望自己能有更多的时间做自己感兴趣的事情。然而事实却是，随着我们年龄的增长，学业压力会越来越大，学习和兴趣的发展都需要花费大量时间和精力。那么，兴趣爱好与学习之间该如何平衡呢？

怎么做 才对呢？

每天先把学习任务完成，再练习拉小提琴。

当我这样做	成长专家点评
我虽然不情愿，但还是放弃了兴趣爱好，因为爸爸希望我将所有精力都放在学习上。	学习虽然是我们的第一要务，但拥有一项兴趣爱好也未必不可。只要时间上能安排好，还是可以坚持学下去的。
做感兴趣的事情能够让我快乐，即使耽误了学习，我觉得也没关系。	发展兴趣爱好能让我们身心愉悦、多才多艺，但是对我们学生来说，学习是第一要务。所以我们不能因为发展兴趣爱好而耽误学习，更不能以此为借口来逃避学习。
我会规划好自己的时间，根据学业的繁重程度或压力大小，调整在兴趣爱好上花费的时间。我会将兴趣爱好当作调节心情的方式。	做好时间规划，合理安排自己的时间和精力，这样才能实现爱好和学习的平衡。

自驱力实战训练

如何平衡兴趣爱好和学习，是我们成长过程中的重要课题。我们可以从三个方面来实现二者的平衡：

1. 制订时间计划表

应该制订合理的时间计划表，确保学习时间和兴趣爱好的时间都有明确的安排。这样既能保证学习任务的完成，又能为兴趣爱好留出足够的时间。

2. 设置优先级

在紧急或重要的学习任务面前，可能需要暂时放下兴趣爱好。在学习任务完成后，再回归到兴趣爱好的活动中。

果果，下周一就要期末考试了，这周的小提琴课你还去吗？

我已经跟小提琴老师请假了，等期末考试结束后再去。

3. 沟通与调整

　　与老师和家长保持良好的沟通，让他们了解你的学习情况和兴趣爱好。在需要时，可以寻求他们的建议和支持，以便更好地平衡学习和兴趣爱好之间的关系。

那你可以告诉妈妈，你目前遇到的具体困难是什么。是哪门功课有难度，还是作业量增加了？

妈妈，如果我不想放弃小提琴的学习，应该怎么办？

第五章

体育锻炼不能忘

没有运动基础，如何制订运动计划？

距离体育测试还有一个月，同学们要抓紧时间锻炼啊……

我最怕体育测试了……

明明，你怎么看起来不高兴?

体育课上，老师提醒同学们，距离体育测试还有一个月，希望大家抓紧时间锻炼。

周小舟侧过脸悄悄问胡明明："明明，你怎么看起来不高兴？"

胡明明愁眉苦脸地说："我最怕体育测试了……"

"通过体育测试很简单的，其实就是平时要多运动、多锻炼。"周小舟轻松地说道，"你可以制订一个运动计划。"

"运动还能做计划？"胡明明惊讶地问道。

"那当然，跟你做学习计划差不多。"周小舟说道。

胡明明心想：学习计划我会做，可运动计划要怎么做呢？

导语

　　体育锻炼能够让我们的身体变得更加强壮。无论是家长还是老师，经常说让我们多锻炼身体。可是没有运动基础的我们，要如何制订合理又适合自己的运动计划呢？

　　下面，我们一起来制订合理的运动计划，让我们变成体育运动小达人吧！

今天的运动项目是掷铅球。我要认真学好动作。

当我这样做	成长专家点评
好久没跑步了，马上要体育测试了，我计划每天跑两千米，体测的时候跑步一定会及格。	运动一定要循序渐进，不要突然增加运动量。否则可能会对我们的身体产生伤害。
我不擅长体育运动，运动太累了，我直接放弃吧。	不运动不仅对身体健康不利，还会影响我们的体育成绩。因此，不要因为懒得动而选择不运动。
每天我会坚持半小时的户外运动，每天的运动项目可能会不同，无论是什么运动，我都会循序渐进，一点点地增加运动量。	制订计划中包含了运动时长、运动项目、运动速度等，运动计划要做到精细化，这样才更有利于完成计划。

自驱力实战训练

当我们没有运动基础时，要怎么制订运动计划呢？下面的事项一定要注意。

1. 运动时长要循序渐进

不要想着"一口气吃成一个胖子"，运动时长可以逐渐增加，但一开始的运动时间绝对不能过长，否则容易打击我们的自信心。比如从每天跳绳五分钟开始，然后逐渐增加到十分钟、三十分钟。

2. 专业的动作要找专业的人教

因为我们没有运动基础，所以专业的动作要经过专业学习之后才能做，比如掷铅球，如果不懂动作要领，很容易发生危险，应该寻求经验丰富的专业教练进行指导。

今天先跳五分钟，过两天再慢慢增加。

3. 熟悉每项运动的注意事项

　　每项运动都有特定的安全注意事项，比如跑步前要进行热身等。充分了解这些注意事项，能够有效地避免身体受到伤害。

小舟，我们快点开始跑步吧。

别着急，跑步之前充分热身，能避免身体受伤！

不喜欢运动，怎样督促自己锻炼？

明明，你今天怎么不出去锻炼了？

我太累了……

胡明明为了体育测试能取得一个好成绩，制订了运动计划，可另一个难题来了——他总是无法完成计划上的锻炼要求。

第一天，胡明明放学回家，做完作业后，看到天黑了，自己根本不敢一个人去楼下跑步，所以就放弃了这一天的锻炼计划。

第二天，胡明明计划早起在楼下练习跳绳，可跳了几分钟，就因为太累而坚持不住了。

…………

到第五天的时候，胡明明干脆放弃了运动计划。虽然他知道这样做不对，但自己实在无法坚持下去了。

导语

对于不擅长体育运动的我们来讲，跑步、跳绳等运动比让我们多做几道题还要艰难。然而，了解到体育运动对我们身心发展的好处，我们又不得不运动。督促自己坚持锻炼，成了我们遇到的一大难题。下面，我们不妨一起来学学怎样增加运动的动力，让自己成为运动高手吧！

怎么做 才对呢?

5月19日

今天跳绳跳了五分钟。真的很有成就感，我会继续坚持的!

5月20日

今天跳了十分钟，比昨天有进步。我决定奖励自己一个小玩具。

当我这样做	成长专家点评
我会让爸妈提醒我，但父母工作忙，有时候他们也会忘记。	父母由于工作忙等原因可能会忘记提醒我们锻炼，但其实即便父母忘记，我们也不应该忘记。忘记锻炼只是自己不想锻炼的借口罢了。
忘记就忘记了，反正少锻炼一天也不会有什么严重后果。	不将运动当作思想负担，这本身是没错的。但是太过随意，我们就很难养成坚持运动的习惯。
开始时，我会通过自我奖励的方法来督促自己锻炼。比如：坚持锻炼一周，我会奖励自己用零花钱买一个喜欢的玩具。坚持两个月后，我发现即便没有奖励，我也养成了锻炼身体的习惯。	自我激励的方法对我们养成运动的习惯十分有效。一旦习惯养成，我们就会自然而然地接受运动，甚至会喜欢上它。

不喜欢运动的我们怎样督促自己锻炼呢？不妨按照下面三点建议做起来。

1. 尝试不同方式，注重快乐体验

在运动之初，无须拘泥于做什么运动。我们可以尝试各种容易实现的运动方式，寻找到运动的快乐体验。比如，可以尝试跑步、快走、游泳、骑行等。当我们不想跑步时，也可以用快走的方式代替。

2. 加强仪式感

运动起步阶段，仪式感很重要。比如，当我们在运动前购买了一些运动装备时，我们自然就愿意开始运动了。此外，还可以在家里设置专属的运动区域，并进行装饰，比如，贴自己喜欢的运动员的海报等。这样的仪式感会让我们更有动力坚持下去。

浩浩，我发现比起跑步，快走更轻松、有趣！

真的吗？那我也试试！

明明，为了支持你锻炼身体，爸爸给你买一套新的运动装备吧。

爸爸，这双鞋好酷啊，我现在就想穿着它跑步！

3. 记录运动成绩

我们每次运动结束，都可以记录下自己运动的时间、项目、耗时，甚至是身体反应。通过这样的方式，可以不断给自己正面的反馈，从而激励自己坚持运动。

运动太累，
怎样才能轻松坚持？

太累了，我实在是跑不动了。

那是因为我们平时运动得太少了，你看周小舟就一点儿也不累。

体育课上，老师一声令下，全班同学开始了四百米中长跑。在跑到两百米的时候，有一部分同学就已经坚持不住了，陶小可不得不开启了走路模式，一边走一边抱怨道："太累了，我实在是跑不动了。"

一旁的杜菲菲说道："那是因为我们平时运动得太少了，你看周小舟就一点儿也不累。"

陶小可也看向周小舟，羡慕地说："是啊，你看他跑步很轻松的样子。我们什么时候才能像周小舟一样啊？"

导语

我们经常抱怨："运动太痛苦啦！"但我们很少对外出游玩不满。这说明了什么？只有做喜欢的事，我们才会乐在其中、心甘情愿。所以，想要长期坚持运动，我们要先找到自己感兴趣的运动，这样我们才能从中收获快乐。

下面，让我们一起寻找轻松运动的方法，养成运动的习惯吧！

怎么做 才对呢?

在公园里跑步心情真好，好像没那么累了!

当我这样做	成长专家点评
每次父母催我运动，我就很抗拒，想到运动就觉得很累。	我们不要给运动贴上"累"的标签，运动的形式有很多，可以选择自己喜欢和适合自己的运动。
每次跑步结束，我的腿就会疼几天，所以我后来不愿意再跑步了。	做好运动前的热身，能够避免身体受伤；如果不进行热身，则很容易让身体受伤，从而阻碍自己继续运动。
在运动之初，我选择了散步。一周后，我开始慢跑。慢跑从每天一千米慢慢增加到三千米，现在我已经习惯了，跑完步反而觉得神清气爽。	我们先选择自己喜欢的运动项目，然后再一点点增加难度。这样做能够让我们逐渐适应并喜欢上运动的感觉。

自驱力实战训练

当我们觉得运动太累时，可以先选择一些强度较低的运动，这样更容易让自己坚持下来。具体方法如下。

1. 尝试静心运动

除了传统的体育锻炼外，还可以尝试一些静心运动，如瑜伽、太极等。这些运动更注重身心的平衡和放松，能够让我们在运动中感受到内心的宁静和舒适，有助于减轻疲劳感。

2. 改变运动的环境和方式

尝试改变运动的环境和方式，比如在公园、沙滩、森林等户外场所进行锻炼，或者尝试室内的运动项目，如攀岩、室内滑板等，让运动充满新鲜感和挑战性，从而更容易坚持下去。

3．户外探险

　　选择周末或假期，在父母的陪同下，到户外进行探险式的运动，如爬山、徒步、野餐等，感受大自然的美妙，让运动变成一次充满乐趣的冒险旅程。

学习太忙，
怎么才能兼顾锻炼

果果，学习累了吧？吃点水果，下楼去活动活动吧。

妈妈，我正忙着学习呢，哪有时间出去活动啊！

下午，于果果坚持学习了两个小时，她感觉脖子都酸了，眼睛也有点痛，忍不住伸个懒腰，揉揉眼睛。

这时，妈妈端着水果走进来，温柔地说："果果，学习累了吧？吃点水果，下楼去活动活动吧。"

果果一边看书，一边回答道："妈妈，我正忙着学习呢，哪有时间出去活动啊！"

导语

在学习过程中，适当的运动可以帮助我们放松身心，调整状态。运动还能增强我们的意志力和毅力，对我们的身心都有益处。然而，随着学业压力的增加、难度的增大，我们会发现花费在学习上的时间越来越多，运动的时间越来越少。

那么，面对这样的情况，我们应该如何平衡学习和运动之间的关系呢？

怎么做 才对呢？

> 我要快点完成作业，这样就能节省出时间做运动了。

当我这样做	成长专家点评
爸妈说要以学业为主，没有时间锻炼的时候，我就不运动，反正不能耽误学业。	我们的主要任务是学习，而拥有健康的体魄是学习的基础。适当的运动可以让我们身体强健。
运动是需要时间的，我实在找不到合适的时间去锻炼。	时间是挤出来的，只要我们想锻炼，通常就能挤出时间。我们觉得没时间，可能是我们没有找到高效利用时间的运动方式。
我会充分利用碎片时间进行锻炼，比如做完作业后，在晚饭前可以运动一小会儿。	利用碎片时间锻炼也能达到锻炼身体的效果，同时还能节约时间。

163

学习太忙，怎样才能兼顾锻炼？下面的宝藏方法值得一试。

1. 提高学习效率

如果我们想要每天留出时间运动，首先就要提高学习效率。这意味着我们要更专心地学习，比如制订学习计划以避免拖延，这样我们能更快地完成作业，从而给锻炼身体留出更多的时间。

2. 在学习的间隙运动

并不是所有运动都需要大段时间的，五分钟、十分钟也能够完成一项运动的锻炼。比如，在学习半小时后，站起来花五分钟拉伸一下身体，做做眼保健操或望望远处。

> 简单运动一下，能够缓解疲劳！

3. 每天留出固定的运动时间

　　每天留出固定的一小时用于运动，无论是跳绳、打球还是跑步，都能让身心得到锻炼，进而提高学习效率。

> 果果，我们把每天放学后的一小时定为运动时间，好吗？

> 太好了！

总找借口拖延，
怎么快速迈出第一步？

浩浩，暑假都快结束了，你打算什么时候开始运动啊？

下周，下周开始……

暑假期间，爸爸和张浩浩一起制订了一份运动计划表，其中包含了每天要进行的户外运动。

　　第一周，张浩浩以"昨天睡得太晚了"为理由，不愿意早起跑步。

　　第二周，张浩浩又以"天太热"为理由拒绝户外运动。

　　就这样，运动计划一拖再拖，转眼间暑假都快过完了，他的运动计划还没开始实施呢。

导语

　　我们是不是都遇到过这样的情况：制订了一个运动计划，却一直没有实施？明明知道运动对自己的身体健康有好处，可即便是课余有时间，也总是偷懒。怎么克服这种惰性，让自己真正动起来呢？

　　下面，就让我们一起找到解决这个问题的方法，一起动起来吧！

怎么做 才对呢?

哈哈，在泳池里真舒服，我喜欢游泳！

当我这样做	成长专家点评
今天实在太累了，我真的不想锻炼了，明天再开始吧，反正也不在乎这一天。	拖延是逃避心理在作祟，当我们逃避运动时，就会出现拖延的现象。
没人陪着我运动，一个人很孤单，所以我不想运动。	我们在刚开始运动的时候，可以让家人陪伴我们，这样能够增加我们的运动积极性。
每天爸爸都会陪着我运动。我会每天设定一个小目标，完成小目标就可以了。我不会逼迫自己加大运动量。这样的节奏让我感到舒适并能从运动中获得成就感。	找家人或者小伙伴一起运动，互相督促，这样能增加运动的动力。设定小目标，并记录每次运动的成绩，才能激励自己坚持下去。

自驱力实战训练

当我们总找借口拖延时，要想快速迈出第一步，就需要运用一些技巧。下面的小妙招值得尝试。

1. 找到适合自己的运动项目

有时候我们在运动方面拖延，并不是因为我们不想运动，而是因为没有找到适合自己的运动项目。不妨尝试多种不同的运动，比如可以选择游泳、骑自行车、跳绳等既有趣又适合自己的项目，有趣的运动项目更容易激发自己的运动热情。

2. 邀请小伙伴一起运动

如果一个人运动没有动力，不妨邀请小伙伴一起。这样不仅能让运动的过程更有趣，还能让我们更容易坚持下去。

好啊，第一局开始！

小舟，我们来比赛，看谁滑得好！

3. 一个人的时候可以边听音乐边运动

如果找不到小伙伴，只能自己一个人运动，有时也确实提不起劲。那么怎么才能提升动力呢？这个时候不妨找一片安全的场地，戴上耳机，播放充满活力的动感音乐，跟随节奏和鼓点跑步或跳操，也是一件很有乐趣的事呢！